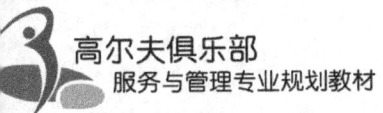

"十二五"职业教育国家规划教材
经全国职业教育教材审定委员会审定

GAO'ERFUQIU JIBEN JISHU YU SHIZHAN CELÜE

（第2版）

高尔夫球
基本技术与实战策略

主　编	赵志明	何　峰		
副主编	陈　明	肖康璞	肖相霍	
参　编	刘　恺	钟璧蔚	谢向阳	马　龙
	曹志强	陈　炜	王　伟	黄代华
	张松平	周徐娜	于　华	郑　青
	俞　威			

北京·旅游教育出版社

高尔夫俱乐部服务与管理专业规划教材编委会

主　任　韩烈保
副主任　(以姓氏笔画为序)
　　　　　方法林　刘启亮　刘沛恩　孙　跃　孙巧耘
　　　　　纪　春　李良忠　何　莽　张　鹏　陈奕滨
　　　　　金克林　周国庆　姚　远　常智慧　彭春江
　　　　　詹国勇　魏忠发

委　员　(以姓氏笔画为序)
　　　　　于　华　马　龙　王　伟　王晓俊　方敏彦
　　　　　尹淑霞　朴　红　吕晓庄　刘　恺　刘文星
　　　　　安铁民　孙小猛　杜玉珍　杨　帆　李　芳
　　　　　李　佳　李红丽　李如跃　李存焕　李毓明
　　　　　吴　丹　吴一尘　吴兰卡　肖　雷　肖相霍
　　　　　肖康璞　何　峰　何幼鸾　张　敏　张松平
　　　　　张建堂　陈　明　陈　炜　陈朝阳　罗大强
　　　　　周华庭　周徐娜　郑　青　孟庆革　柳　柳
　　　　　胡　勃　赵志明　钟璧蔚　俞　威　费　凌
　　　　　骆　娟　郭泽钊　姬承东　黄代华　黄志勇
　　　　　黄登峰　曹志强　梁　红　梁小红　梁景春
　　　　　蒋小丰　蒋书君　谢　芳　谢向阳　裴智君
　　　　　潘永刚

再版序言 PREFACE

"十二五"期间是国家对高尔夫行业宏观政策发生积极变化的时期,将高尔夫纳入规范发展的政策走向逐渐明晰,各级地方政府也相继出台了大量有利于高尔夫行业发展的地方政策。而且,继成为亚运会、奥运会比赛正式项目之后,高尔夫运动也于2013年正式成为我国全运会的比赛项目,这标志着我国高尔夫运动进入了一个新的发展里程。

国家相关政策的不断调整和完善、国民经济的不断发展和人民生活水平的不断提高,必将大大推动高尔夫运动在我国新一轮的快速发展。高尔夫覆盖人群的日渐扩大、普及率的不断提高,带动了行业内众多环节的连锁性发展,比如更多高尔夫球场的建造、高尔夫相关产品制造业的繁荣、从业人数的增加以及高尔夫教育产业的发展等。

总体来讲,我国高尔夫运动还处于发展的初级阶段。据不完全统计,目前我国已建有高尔夫球场近600家,仅基层从业人员缺口就接近4万人,更不用说具有专业高尔夫背景和多年从业经验的中高级管理人才了。与此对应,我国高尔夫教育也处于刚刚起步阶段。主要体现在开设高尔夫专业的院校数量不多,专业成立时间较短,学科建设不成熟,师资教材相对匮乏。自从深圳大学1995年创办我国首所高尔夫学院后,陆续有近百所院校开设了高尔夫相关专业。但由于目前高尔夫方向还没有纳入国家高等教育专业目录,更没有专业教育指导委员会,各高校都将高尔夫作为体育、管理和草业专业学科下的一个学科方向,即高尔夫运动方向、高尔夫管理方向和高尔夫草坪方向。作为一个新的专业方向,近些年高尔夫教育在我国虽然取得了一定的成效,但在教育理念、教育模式、课程设置、教材质量及师资力量等方面尚存在诸多的问题,与行业对人才培养的实际需求还存在一定的差距。

面对目前国内开设高尔夫课程和专业方向的高校不断增多的形势,如何加强学科建设,推进课程教学改革,确保教学和人才培养质量,巩固人才培养阵地,成为一个亟待解决的问题。教材是解决上述问题的重要环节,是将教学计划和教学大纲所规定的课程目标转化为学生在课堂中具体学习形式的平台,如果没有好的教材,教学计划和课程目标就会失去支撑,人才培养目标就无从实现。

基于上述现状,旅游教育出版社在关注高尔夫教育市场多年并与多所院校及行业专家沟通的基础上,对高尔夫相关教材的现状及需求状况做了大量调研,多次邀请相关院校教师、行业及相关培训机构专家,召开全国高尔夫学科建设及教材编写研讨会。通过对目前高尔夫专业课程设置及教材现状等方面的交流研讨,结合我国高尔夫产业发展对人才规格的实际要求,初步确立了高尔夫专业教学的发展方向、人才培养目标及高尔夫专业教材的研发与编写规划,并组织了专业编委会。

本套教材目前包括:《高尔夫概论》《高尔夫俱乐部经营与管理》《高尔夫球会服务与管理》《高尔夫球场建造与草坪养护》《高尔夫球基本技术与实战策略》《高尔夫赛事组织与管理》《高尔夫英语教程》和《高尔夫英语实用会话》。后续我们还将推出更多的同系列教材。本系列教材可供高等院校高尔夫相关专业教学使用,也可作为高尔夫相关从业人员的参考用书。

在本系列教材编写过程中,由于可用来指导和借鉴的参考资料非常有限,而且参与教材编写的作者多为年轻教师,错误和不足在所难免,这也是我们要对教材进行不断修订完善的重要原因之一。

另外,作为本套丛书编写委员会的主任,我要特别感谢旅游教育出版社的领导和策划、编辑人员,是他们的不懈努力、坚持和付出才有了本系列教材的问世;还要感谢参与编写工作的所有专家学者及其所在单位的领导,正是有了这些高等教育机构的支持和实践,我国高尔夫教育的水平才能向前推进和提高。最后,祝愿我国高尔夫专业教育更加规范,蒸蒸日上,为高尔夫产业的发展培养更多优秀的专业人才!

韩烈保

于北京林业大学

再版前言 FOREWORD

  1995年，中国第一所培养高尔夫球专业人才的北京高尔夫球运动学校在京成立；同年，深圳高等职业技术学院开设高尔夫管理专业；1997年，深圳大学成立高尔夫学院，开设了工商管理（高尔夫管理）专业，下设高尔夫经营管理、高尔夫场地管理、高尔夫运动与训练三个专业方向；接着，湖南涉外经济学院大规模招收体育服务与管理专业（高尔夫方向）的学生。至此，中国高尔夫高等教育的发展序幕拉开。

  从"运动训练学"的视角分析，高尔夫是一项技术主导型运动项目。高尔夫球的基本操作，是用一根高尔夫球杆将一个高尔夫球从起点击出，用最少的杆数，采取最佳途径，抵达终点。高尔夫运动的技术看起来似乎很简单，就是挥杆击球进洞，实际上，高尔夫技术非常复杂，技术应用和变化也很多。不同的地形、不同的距离、不同的障碍区，都要选择不同的球杆、不同的打法、不同的技巧和不同的应对策略，而且每一种技巧的掌握都要经过千锤百炼。一名合格的球员，仅练习挥杆一项技术，常常要进行数万次练习，现场的判断更需要丰富的经验。置身于高尔夫运动，每一次击球都会有新的体会，在技术动作上都会有新的认识，促使球员去不断地追求。因此，高尔夫是一场斗智斗勇的竞技，需要勇气、技巧、策略和自我控制。打高尔夫球的过程就是不断迎接考验和挑战、不断战胜自我的过程。高尔夫运动是一项魅力无穷的运动。

  高尔夫运动已回归奥运大家庭，然而中国的高尔夫专业教育却还缺乏专业统一的教学大纲和教材，《高尔夫球基本技术与实战策略》一书旨在全面、详细地综合介绍有关高尔夫球运动中最真实和最有价值的知识和技能。本书首版于2012年，经过近五年的使用，得到了很多来自一线学校教师的反馈。结合相关反馈意见及编者自身教学经验的进一步总结，我们开始着手对教材进行2版修订。

在第1版的基础上，第2版重点增补了一些更加详细的技术操作内容，如第三章增加了开球木的击球要领，第四章增加了风中击球的技巧、沙坑击球的注意要点以及高尔夫实战小贴士，第五章增加了高尔夫体能训练的意义、力量训练的意义、力量训练的注意事项、柔韧性训练的意义、高尔夫核心力量训练等内容。修订后的教材对高尔夫球技术、技能和实战策略做了更加全面系统的阐释，介绍了高尔夫球运动的特点和技能要领，以帮助学员轻松掌握高尔夫运动技术的基本理论和知识；本教材还配有很多图解图片资料，以更好地示范和教授高尔夫球的握杆、挥杆、推杆、切滚球和劈起球、沙坑球、打控制球等技术。因此，本教材既可用作高等学校高尔夫相关专业的教材，同时也可作为广大高尔夫球爱好者入门和提高球技的指导用书。

本教材既可用作高等学校高尔夫相关专业的教材，同时也可作为广大高尔夫球爱好者入门和提高球技的指导用书。

本教材由赵志明、何峰担任主编。参加本教材编写工作的人员来自多所高校，都是从事高尔夫球技术教学和科研的一线教师，他们不仅具有深厚的理论知识和教学经验，而且多数编者都有国外学习经历，具有丰富的高尔夫技术实践经验。

在教材编写过程中，我们查阅了国内外高尔夫技术与实战策略的最新文献资料，介绍了一些高尔夫技术与策略的先进理论和技术，从而使教材更具科学性、实用性和前瞻性。在此，谨对参与编写的教师付出的辛勤劳动和给予的真诚合作表示感谢。同时感谢旅游教育出版社对本教材出版给予的支持和帮助，没有他们的努力，本书不可能如期和读者见面。

希望本教材的出版，能促进中国高尔夫技术人才的培养、高尔夫球技术水平的提高和高尔夫运动的发展。

当然，由于水平所限和时间仓促，书中难免有错误和不妥之处，敬请读者批评指正。

编者

2017年元月

CONTENTS 目录

第一章 高尔夫挥杆原理 / 1

第一节 击球原理 / 1
    一、球的飞行原理 / 1
    二、击球五要素 / 2
第二节 挥杆平衡法则 / 6
    一、挥杆中心 / 6
    二、挥杆平面 / 7
第三节 挥杆用力技巧 / 9
    一、正确的上杆次序 / 10
    二、下挥杆击球的合理用力 / 10
    三、放松心情与身体 / 11
第四节 挥杆速度与节奏 / 11
    一、挥杆速度 / 12
    二、挥杆节奏 / 12
    三、如何控制挥杆速度与节奏 / 12
    四、合理选择符合挥杆节奏的球杆 / 14

第二章 高尔夫技术基础 / 16

第一节 握杆 / 16
    一、握杆的要领 / 16
    二、握杆方式及变化 / 18
第二节 站姿与站位 / 19

— 1 —

　　　　一、站姿的基本要领 / 19
　　　　二、使用不同球杆时站位重心的分布 / 22
　　　　三、使用不同球杆时站姿与站位的确定方法 / 23
　　第三节　瞄球与挥杆 / 24
　　　　一、瞄球 / 24
　　　　二、挥杆 / 28

第三章　高尔夫不同球杆的击球技巧 / 39

　　第一节　木杆技术 / 39
　　　　一、开球木 / 40
　　　　二、球道木 / 44
　　第二节　铁杆技术 / 45
　　　　一、中铁杆 / 45
　　　　二、长铁杆 / 47
　　　　三、短铁杆 / 47
　　　　四、特殊短铁杆 / 48
　　第三节　推杆技术 / 51
　　　　一、击球准备 / 51
　　　　二、握杆的类型 / 52
　　　　三、距离的控制 / 55

第四章　高尔夫实战技术与策略 / 56

　　第一节　临场前的准备 / 56
　　　　一、热身练习 / 56
　　　　二、练习场击球练习 / 59
　　第二节　发球区实战技术与策略 / 59
　　　　一、发球的方向控制 / 59
　　　　二、发球区高于球道或球洞区时 / 60
　　　　三、发球区低于球道或球洞区时 / 61
　　　　四、有障碍区或界外区时 / 62
　　第三节　球道区实战技术与策略 / 62

　　　　一、不同球路 / 62
　　　　二、不同站位 / 64
　　　　三、不同区域 / 66
　　第四节　沙坑区实战技术与策略 / 68
　　　　一、沙坑球的基本要领 / 68
　　　　二、长距离沙坑球 / 69
　　　　三、中距离沙坑球 / 70
　　　　四、陷入沙坑内的球 / 70
　　　　五、内上坡和下坡球位 / 71
　　　　六、沙坑内球位高于或低于脚位 / 72
　　第五节　果岭及果岭邻区实战技术与策略 / 73
　　　　一、短打技术 / 73
　　　　二、推杆技术 / 75
　　第六节　不同气候条件下的实战技术与策略 / 76
　　　　一、冬季 / 77
　　　　二、雨季 / 77
　　　　三、大风季候 / 78

第五章　高尔夫运动专项能力训练 / 82

　　第一节　高尔夫运动专项体能训练 / 82
　　　　一、高尔夫运动员体能训练概述 / 82
　　　　二、高尔夫运动员的各项体能素质训练 / 85
　　第二节　高尔夫技术能力训练 / 100
　　　　一、高尔夫运动技术与运动员技术能力 / 100
　　　　二、高尔夫运动技术训练的基本要求 / 104
　　　　三、高尔夫运动技术训练常用的方法与手段 / 106

第六章　高尔夫运动心理训练 / 123

　　第一节　高尔夫运动心理训练概述 / 123
　　　　一、高尔夫运动心理训练的定义 / 123
　　　　二、高尔夫运动心理训练的意义和作用 / 128

第二节　高尔夫运动心理训练的方法与程序　/ 129
　　一、高尔夫运动心理训练的方法　/ 129
　　二、高尔夫运动心理训练的程序　/ 149
　　三、高尔夫运动训练与竞赛中常见的
　　　　心理障碍及训练方法　/ 151

第七章　高尔夫运动常见损伤与预防 / 158

第一节　高尔夫运动的解剖学和生理学分析　/ 158
　　一、高尔夫挥杆动作的解剖学分析　/ 158
　　二、高尔夫运动的生理学分析　/ 162
第二节　高尔夫运动常见损伤与处理　/ 164
　　一、高尔夫运动损伤概述　/ 164
　　二、高尔夫运动常见闭合性运动损伤与治疗　/ 166
　　三、高尔夫运动常见开放性运动损伤与治疗　/ 171
第三节　高尔夫运动常见损伤预防与安全问题　/ 172
　　一、高尔夫运动损伤预防的意义　/ 172
　　二、高尔夫运动损伤预防的手段　/ 173
　　三、高尔夫运动中的安全问题　/ 176

附录一　高尔夫运动四大赛事　/ 179
附录二　世界著名高尔夫球手　/ 184
附录三　高尔夫运动专业术语（中英对照）　/ 189
参考文献　/ 200

第一章
高尔夫挥杆原理

本章导读

本章着重介绍高尔夫挥杆与击球的物理学原理,对挥杆与击球的各个环节进行了详细分析,并给出了图解。对高尔夫挥杆用力方法、挥杆速度与节奏,也进行了分析和解读,指出了动作要领与练习方法。

教学目标

让学员正确理解高尔夫挥杆与击球的物理原理及力学原理,建立正确的挥杆动作概念。使学员了解高尔夫挥杆用力及挥杆节奏的标准及训练方法,并在高尔夫运动的学习中合理应用,快速增强高尔夫运动技能。

第一节 击球原理

一、球的飞行原理

我们可以用四个参数来描述高尔夫球的飞行状态,即球的飞行距离、弹道、方向和弯曲程度。

球的飞行距离,是指击球点至球停下来的位置长度,它是球飞行的空中距离和球落地后滚动距离之和。弹道,是由杆面击球时有效倾角决定的,一般来说,球杆的倾角决定了高尔夫球弹道的高低——球杆的倾角越大,弹道越高,距离越近;倾角越小,弹道越低,距离越远。方向,是指高尔夫球刚起飞时的方向。弯曲程度,是指由于在击球时,挥杆轨迹的方向与杆面运行的方向不一致,根据空气动力学原理而使球产生侧旋。

分析挥杆的第一步,是查看球的飞行状况,这是挥杆水平的直接显现。一般而言,球的路线总共可分为九种。图1-1展示了右手挥杆球的飞行路线的分类。

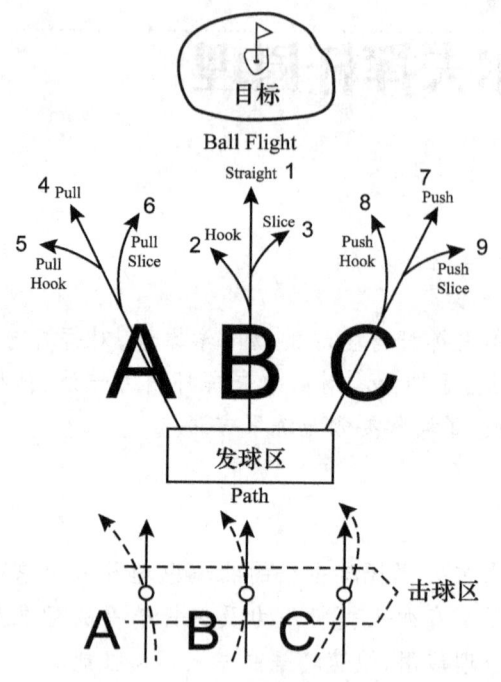

图 1-1

1. 直线球　2. 左直球　3. 右直球　4. 左曲球　5. 拉式左曲球
6. 拉式右曲球　7. 右曲球　8. 推式左曲球　9. 推式右曲球

二、击球五要素

(一) 挥杆轨迹

在球与目标之间,我们可以虚拟一条直线,称作目标线。我们的站位一侧,称为内侧(Inside),另一面称为外侧(Outside),如图1-2所示。

第一章　高尔夫挥杆原理

图 1-2

所谓挥杆轨迹,是指挥杆过程中杆头通过的路线,这个轨迹应该是一个较为均匀的大圆弧。挥杆轨迹有三种:

1. 由内侧到内侧(Inside-in)的挥杆轨迹,如图 1-3 所示。

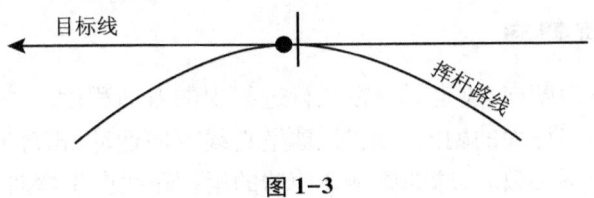

图 1-3

2. 由内侧到外侧(Inside-out)的挥杆轨迹,如图 1-4 所示。

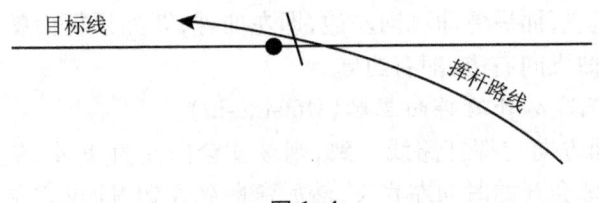

图 1-4

3. 由外侧到内侧（Outside-in）的挥杆轨迹，如图 1-5 所示。

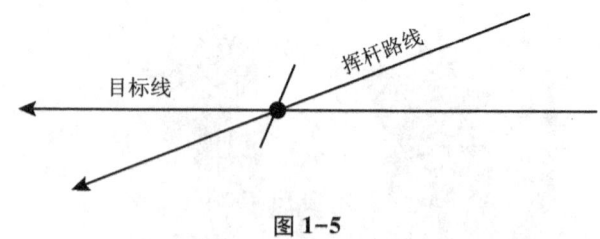

图 1-5

挥杆的轨迹，决定了球的初始方向。由内侧到内侧（Inside-in）挥杆，球的初始方向与目标线一致；由内侧到外侧（Inside-out）挥杆，球的初始方向在目标线右侧；由外侧到内侧（Outside-in）挥杆，球的初始方向在目标线左侧。根据这个原理，我们通过观察击球时球的初始运行方向，就可以判断出击球时的挥杆轨迹。对于初学者而言，经常会击出右曲球或右直球，其中一个很重要的原因，就是由内侧到外侧（Inside-out）的挥杆轨迹。

挥杆轨迹的大小与所使用的球杆有关。使用长杆时，轨迹的圆弧大，挥杆面的斜度也大；反之，则小。保持挥杆轨迹的均匀性和正确性，是保证正确击球的先决条件之一。

（二）杆面朝向

击球时的杆面朝向，决定了球在飞行过程中的弯曲程度。一般来说，击球时挥杆轨迹的方向与杆面的朝向一致时，球呈直线方向运动；击球时挥杆轨迹的方向与杆面的朝向不一致时，球的侧旋会使球的运动路线产生弯曲。

根据击球时挥杆轨迹和杆面朝向的不同组合，可以产生 9 种不同的球路：

1. 当挥杆轨迹与目标一致时（Inside-in）

①如果杆面正对目标，则球会一直飞向目标，即直线球；②如果杆面朝左，则球会在开始时直飞，而后弯曲飞向左边，即左曲球；③如果杆面朝右，则球会开始时直飞，然后弯曲飞向右边，即右曲球。

2. 当挥杆轨迹从外边挥向里时（Outside-in）

①如果杆面方向与挥杆路线一致，则球就会向左直飞，即左直球；②如果杆面朝向左边，则球会开始时向左直飞，然后弯曲到左边，即拉式左曲球；③如果杆面朝向右边，则球会开始时向左直飞，然后弯曲到右边，即拉式右曲球。

3. 当挥杆路线轨迹从里边挥向外边时（Inside-out）

①如果杆面朝向与挥杆路线一致，则球会直飞向右边，即右直球；②如果杆

面朝向左边,则球会开始时向右直飞再向左弯曲,即推式左曲球;③如果杆面朝向挥杆路线右边,则球会开始时向右直飞再向右边弯曲,即推式右曲球。

有一种特殊情况是,在杆面处于很大程度的打开或者关闭的情况下,击球时杆面的朝向会对球的飞行线路产生更大的影响。

(三)击球点

击球点,是指球与杆面的接触点。一般来说,正常挥杆时,球与杆面接触的点叫做甜蜜点(Sweet Point)。击球点,对于击球距离有着很大的影响。用甜蜜点击球时,球的飞行距离最远;而用杆面其他位置击球时,从杆头传向球的力量就会减弱,会损失很多飞行距离。

(四)击球角度

击球角度,是指击球时杆头轨迹与地面所形成的角度。挥杆击球时,杆头与地面形成一个角度,称为击球角度,有三种状况:杆头向下运行时击球;杆头轨迹与地面平行时击中球;杆头从最低点向上运行时击中球。向下挥杆击球使球杆的有效倾角变小,后旋大,弹边低;杆头与地面平行时击球,产生标准弹道;杆头从最低点向上挥时击球,后旋小,弹道变高。

在发球台使用1号木杆开球时,杆头是在向上运行时击球,因为较大的起飞角度和较小的逆旋可使球飞行和滚动距离变远。在使用球道木杆及中长铁杆击球时,杆头一般运行在与地面平行时击球。在攻果岭时,更多地使用短铁杆,为了产生理想弹道,并让球在果岭上停住,会采用下切式击球,球杆越短,击球角度越大。

(五)杆头速度

我们这里所说的杆头速度,是指球杆在击球时运行的速度。根据动量守恒定律可知,杆头速度决定了球飞行时的初速度。杆头速度越快,则球的飞行初始速度越快,给球的后旋越大,弹道越高。一般来说,杆头速度的快慢直接关系到击球的距离。

当杆头速度提高时,能使球产生更大的倒旋率。但是,当杆头的运动使球产生侧旋时,随着杆头速度的增加,球在空中的侧向位移会增大。比如,初学者在使用1号发球木杆挥杆击球时,经常会出现比较严重的右曲球,这其中一个很重要的原因,就是由于击球时杆面开放而使球产生侧旋;同时,1号发球木杆在击球时的杆头速度较快,产生的侧向位移较多。

在以上五要素中，挥杆轨迹和杆面朝向，决定了球的飞行方向；击球点、击球角度和杆头速度，决定了球的飞行距离。根据这个规律，我们可以非常容易地找出在挥杆击球时所出现的问题，以便纠正错误。同时，我们也可以根据这个规律，在各种各样的环境下，打出适当的球路。

第二节 挥杆平衡法则

通过第一节的学习，我们了解了球的飞行原理和击球的五个要素。我们的目的，是以正确的方式，扎实的击球来达到我们所期待的结果。挥杆，是由球手的身体动作来完成的。挥杆过程中，身体的平衡直接影响到挥杆的质量，与之相关的还有球杆本身的平衡、挥杆动作的平衡和挥杆时移位带来的体重转移的平衡。因此，在挥杆过程中，保持好身体的平衡显得尤为重要。

我们如何理解平衡呢？从科学的角度来说，平衡神经肌肉系统在生物机械运动中能够保持瞄准精度以及稳定重心。在挥杆的过程中，转身时应该保持良好的身体姿态，让转身和挥杆同步协调，控制好挥杆运动的持续过程和每个环节的时间。其中，有两个概念我们必须理解，第一是挥杆中心，第二就是挥杆平面。

一、挥杆中心

关于高尔夫挥杆，有一个很形象的解释，说它是一项从脚趾到手指的运动；也就是说，身体的每一个部分，都要参与到挥杆运动中。提高身体的平衡性，将在挥杆时保持良好的体态；提高挥杆效率，以较少的精力自觉控制身体平衡，获得稳定的挥杆路线，从而加快杆头速度。

我们可以把高尔夫的挥杆，想象成一种圆周运动。在挥杆过程中，我们是以脊椎为轴心，以手臂及球杆为挥杆半径，杆头以类似进行圆周轨迹运行的运动模式。在整个挥杆过程中，虽然躯干是旋转的，但脊椎角度仍须保持不变，直到送杆。由此可见，高尔夫的挥杆中心，就是我们的脊椎轴，如图1-6所示。

在挥杆过程中，保持适当的脊椎角度，对于击球的稳定性有着极其重要的影响。如果球员在上杆过程中改变了脊椎角度，那么在下杆击球时必然需要调整击球前的脊椎角度，才可以方正、扎实地击球。

保持一个正确的脊椎角度，我们需要考虑两点，弯曲度和倾斜度。

弯曲度，是指身体前倾的角度。瞄球时，上身自臀部向前弯，背部自然挺直，

图 1-6

双臂从肩部自然下垂,肩膀位于脚尖正上方,下巴要抬起来,不要刻意低头,如果低头了,脊椎顶部会弯曲。瞄球时,如果定位时脊柱弯曲,在挥杆过程中必然不自觉地挺直,这样肯定会损失力量。

使用不同的球杆,身体弯曲的程度也不同。一般来说,球杆越长,身体弯曲度越有效果;反之球杆越短,身体弯曲度越大。

倾斜度,是指在挥杆过程中,脊柱需要往目标相反方向有一些倾斜,让头、肩头和胸骨在球的后面,这样在击球的时候杆头才能沿着一个水平的路径扫出去。

总之,保持适当而稳定的脊椎角度,能够增加挥杆过程中身体的稳定性,提高击球的成功率。

二、挥杆平面

简单来说,所谓挥杆平面,是指在挥杆过程中,由手臂、球杆的运动轨迹所形成的一个虚拟的平面。在整个挥杆过程中,球杆是以我们的脊椎为轴的,上杆与下杆在同一个平面内的运动,如图 1-7 所示。

具体来说,瞄球时,杆头在目标线正后方;上杆时,当手达腰部时,杆身与目标线平行并且在双脚连线的上方;上杆至顶点时,杆身再次与目标线平行,球杆在右肩上方,这时杆头在上杆过程中就形成了一个上杆平面。在下杆过程中,球杆仍然在这个平面内运动,直至击球、收杆。这就是球杆在这个挥杆平面的运动过程,如图 1-8 所示。

由于受球员的体形、身体素质及球杆等各种不同因素的影响,会形成不同的挥杆平面。一般来说,身材高大或者短铁杆的挥杆平面,比较陡直;身材矮小或者长杆击球挥杆平面,较浅平,如图1-9所示。

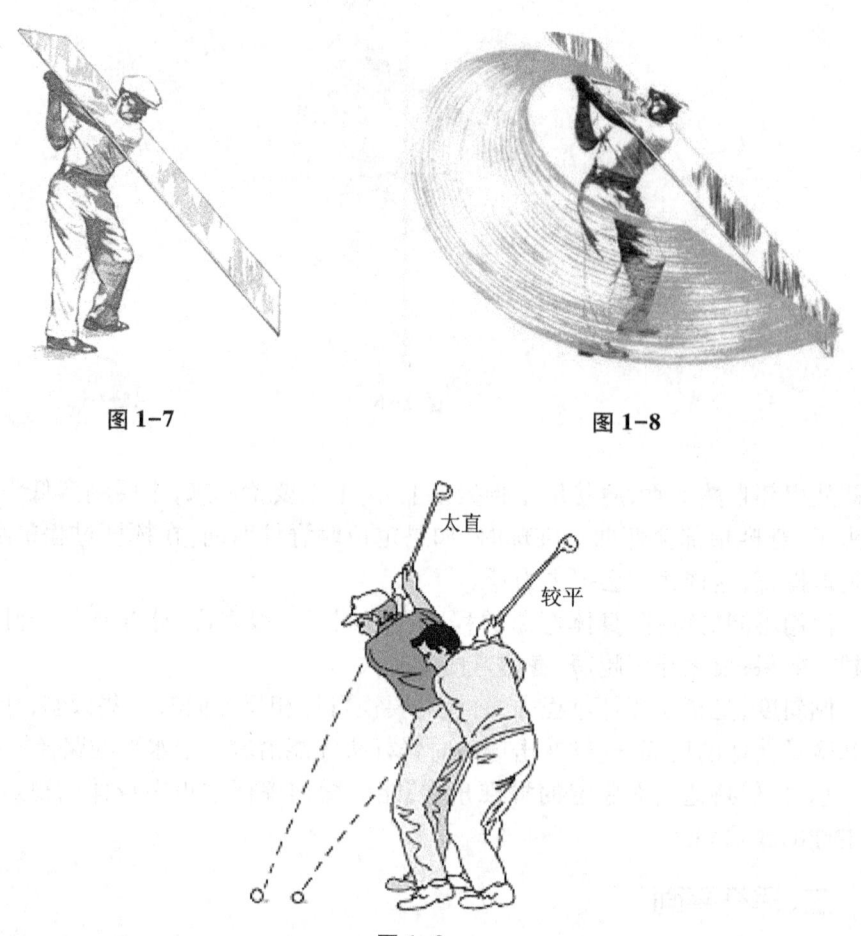

图1-7

图1-8

图1-9

虽然每个人的体形、身高、身体素质各不相同,但是,从挥杆平面的角度来看,只有两种挥杆平面理论:单平面理论和双平面理论,如图1-10所示。

人体挥杆时,会产生两个主要的平面:一个是手臂挥杆的平面;另一个就是身体或者说肩部旋转的平面。如果这两个平面不重合,而手臂挥杆的平面比肩部转动的平面更陡直,就是双平面的挥杆;如果这两个平面相吻合,就是单平面的挥杆。

单平面理论的创立者吉姆·哈代(Jim Hardy)说,这两种不同的平面挥杆方法好比油和水之间的关系,是截然不同的;如果你一直为你的挥杆苦恼不已的话,很有可能是你还没有了解自己的挥杆是属于哪一种。

图 1-10

两种挥杆平面,在握杆、站位、瞄球、上挥和下挥等环节上,都有或多或少的差别,最主要的差别还是在于上挥杆。单平面挥杆的上挥,是手臂和肩部围绕身体的中轴线来同步绕转,两者保持在同一平面上。但是,双平面在上杆的时候,在肩部扭转的同时胯部也有一定幅度的移动,形成一个比较陡直的上杆平面。在上挥的顶点,我们可以清楚地看到,单平面挥杆双手的位置,基本和右肩持平,同时右臂同身体夹紧并右肘朝下;而双平面挥杆双手的位置,会高于右肩,同时右肘向外微张。下杆的时候,单平面挥杆,只要原路返回即可;而双平面挥杆,则要先把手臂拉回到和身体的同一平面,再释放杆头击球,两者是不同的。

对于单平面还是双平面的选择,没有严格的限制。一般来说,身高臂长的人士比较适合双平面,有利于发挥自己手臂力量的优势;而身材不高或者体形敦实的人士,可以考虑选择单平面,发挥上身扭转的力量。其实,我们看到很多职业选手的挥杆并不是严格意义的单平面或者双平面,但他们的挥杆都是适合自己的身体情况的。

第三节　挥杆用力技巧

打高尔夫球时如何挥杆用力,怎样在击中球的前提下把球打远打准确,这是挥杆的难点之一。

根据物理学原理,击球时杆头速度越大,给予球的初始速度越大,球就飞得越远。这个原理,适用于多种投掷类的体育运动,因为它们都有共同的特点:扭身、摆动双臂、手腕由曲打直。

身体的转动产生"环绕"的力量,手腕由曲打直产生"鞭抽"的力量,而手臂摆动兼具上述的两项特点。三种力量协调起来,并依照正确的顺序作用,这样才能使速度达到最大。也就是说,要用大肌肉去带动小肌肉,这是所有投掷运动的精髓。高尔夫挥杆的力量必须协调以上三种力量,才能达到最好的击球效果。要达到这一目的,需要注意以下三个方面。

一、正确的上杆次序

为了下杆击球时杆头速度达到最大,上杆的次序首先要正确。正确的次序是:手臂、肩、臀,其中上杆开始时,手臂、肩几乎同时动作,臀部保持不动,等手臂到达臀部高度时,肩膀的转动带动臀部向后转。肩膀的转动一定要达到极限,直到转不动为止,此时你的背部应正对目标。在上挥顶点时,肩膀与臀部之间一定要拉得很紧,像绷紧的弹簧一样,这种力量是下杆力量的源泉。如果把挥杆过程比作拉弓射箭,则肩膀转到位时如同拉满弓一般,一旦释放,箭就会飞快地射出,否则一点力量也没有。理想的上杆位置是,肩膀转动90度,臀部转动45度,下杆时臀部首先往回转,带动肩膀回转,此时绷紧的背部肌肉和腹部肌肉像拉满的弓突然释放,带动肩膀、手臂、手、球杆依次传递释放力量,使杆头的速度闪电一般通过击球区,球飞快地射出,达到最远距离。

二、下挥杆击球的合理用力

下挥杆击球必须从臀部开始,臀部转动能把身体重心先移到左脚,并使两臂有足够空间挥杆而不会受到阻挡。臀部启动首先把几倍的力量传到肩膀和手臂上,手臂和手又把几倍的力量和速度传到杆头,以几何级数增长的方式使杆头速度达到极限,威力无比。

下杆击球时,手腕的力量一定要最后释放,即上杆顶点手腕与球杆形成的角度一定要等到手到达腰部时才打开。很多业余球员,因为急于击球导致太早打开手腕,因此损失力量,杆头速度反而变慢。还有些球员击球时过分注意使用手腕的力量,目标之一是想把球打远,目标之二是用它来控制方向,其实这样打出去的球十有八九会失误,因为在极短的击球瞬间,手腕的小肌肉根本无法控制方向。

三、放松心情与身体

紧张,会影响你的身体和头脑。紧张,往往源于准备不足或期望值过高,它会在挥杆前渗透到意识中去。举个例子,许多业余球员在打上果岭的球时,一心想着要选一支能恰好将球打到旗杆周围的球杆,然而往往选错了杆。一旦意识到这个问题,心里就开始犯怵,在挥杆时就特别用力,想以此补偿选杆错误的损失。其实最聪明的做法是,多拿一支杆出来做选择,挥杆时量力而行即可。

假如击球前没做好热身,击球时身体就会变得紧张。拉伸肩部和大腿,有助于放松肌肉,让你的身体达到更好的状态。

拉伸肩部:双手交叉反剪,弯腰,双臂尽可能地从臀部朝前压。保持该姿势5秒后放松,再重复做。打球前拉伸肩部,能让你的双肩在球场上始终保持放松。

拉伸大腿肌肉:拉伸大腿肌肉可能要难一点。向前弯腰俯身,双手尽可能往地上靠。双手握住脚踝,尽量向下拉你的身体,使手指关节触地。此时,你会觉得脚筋和大腿处有些酸胀的感觉。

我们说一个球员的"感觉"很好,是指他/她能判断出球杆在挥杆全过程的状态,以及身体对球杆的反应。如果你在打球时将注意力更多地集中在双手与双脚上,你就可以培养和提高这种感觉。

手:双手是身体唯一直接与球杆接触的部分。对杆头的感觉主要来自你的握力,重量不同的各种球杆,所需的握力不尽相同。握起一支木杆,所需的力度最小,因为它的杆头最轻、杆身最长;而握沙坑杆,就要紧点、用点力,因为它的杆头最重、杆身最短。为了得到正确的握力,在挥杆前将球杆提离地面掂一掂,感觉杆头重量,此时双臂和双手会对此作出相应的反应。

脚:上杆时,身体重心将偏离目标方向线;下杆时,身体重心又重新向目标方向线靠近。身体平衡,和双脚息息相关。在重心移动的过程中,双脚应一直处于运动状态,而不是死钉在地面上。因此,做击球准备时,要记得多抬抬脚趾脚跟,让双脚活动起来。

第四节　挥杆速度与节奏

如果失去了准头,球飞得再远也是徒劳,而准头来自挥杆动作的稳定性。如果挥杆动作变形,就很可能将球送出球道,甚至更加糟糕。下一杆也许我们不敢再那么冒险了,想试试半挥杆,而且特别小心,但结果还是一样。挥杆节奏和速度不稳定,那每一次挥杆都无法保持一致性,这不但本身是个错误,而且会导致其他挥杆失误的产生。因此,要想打出扎实、一致性更高的球,除了具备很好的平衡、正确地用力以外,良好的挥杆速度和节奏也是不可缺少的要素。

一、挥杆速度

挥杆速度,是指挥杆时身体移动的速度。一般说来,球员在能完全控制自己身体和球杆的情况下挥杆的最快速度,就是理想的挥杆速度。

挥杆速度的快慢因人而异,但挥杆的节奏,即挥杆过程中各部分动的时间比例,应该保持一致,这包括上杆、上杆顶点停留、开始下杆到击球,从击球之后到收杆。正确的挥杆节奏是:不急不缓地上杆,上杆顶点短暂停留,平顺地转换至下杆平面,下杆时平稳地加速,然后在挥杆弧底使出力量。以这样的节奏挥杆击球,杆头速度和力度一定在击球的一刹那达到最高点。以上的节奏,从木杆到沙坑杆,所有的挥杆都是一样的。

二、挥杆节奏

挥杆的节奏,决定了你能否把杆头以正确的角度和速度送到击球点;精确地控制时间,则使你击球时手腕打直,并以最快速度通过击球区。挥杆时不可用全力,最多只用八成力量,因为用尽全力挥杆根本无法控制球杆,反而会破坏平衡与节奏,击球失误在所难免。大家不妨试试用全力挥杆。这样打出的球,不是左曲就是右弯,甚至因为球杆失去控制而打出地滚球和高飞球。打不中球,用多大的力量也是白费。因此,切记不要用全力,控制好挥杆节奏,击球准,比远更加重要。

三、如何控制挥杆速度与节奏

挥杆节奏和速度不稳定,使得每一次挥杆都无法保持一致性,这不但本身是个错误,而且会导致其他挥杆失误的产生。关键是,要找到轻松的弱势挥杆和超常规的强力挥杆之间的折中点,找到了这个节奏,下一步就是巩固它,之后才能更好地运用。

下面是一些练习建议:要找到最完美的节奏,先在练习场里热身一下,击上15~20个球,确保自己的肌肉已经放松,然后把球拿开,用开球木杆尽自己所能做一个全挥杆,然后下挥扫向球梯,如此重复10次,中间不要停下来,完成10次挥杆你应该开始喘气了。然后深呼吸,将球架起来,只做到三分之一的挥杆幅度即可,将球击出。这时你可以感觉到挥杆特别轻松,但你也许还会为自己创造的杆头速度和击球距离感到惊讶,这就是理想的挥杆速度。

如果我们将一个完全尽力的强势全挥杆作为125%力度的话,那减少三分之一的幅度差不多就是85%的力度了。对于大多数的球员来说,这是一个最为有效的力度,因为这可以创造最大的杆头速度,同时不会失去对平衡的控制。一次漂亮的击球,并不代表能够一场下来都打好;几轮下来都打得不错,就更加难了。压力、天气变化、等待带来的烦闷——几乎所有的外部环境,都能够影响你的节奏和速度。当这些影响因素出现的时候,每个人都可能给自己加压,从而使自己的挥杆变得过猛,给击球带来麻烦。

下面看看,如何能够让自己的挥杆速度回归完美。消除过猛的击球力度,必须在练习场多下些工夫。我们可以将10个球作为一组进行练习,慢慢减少挥杆的幅度,直到减少了三分之一。我们要获得的是做出三分之二挥杆幅度时,对速度的感觉,目的不是要减少挥杆幅度。通过这个练习,希望能够掌握全力挥杆和三分之一折中下挥杆时的不同感觉,从而在真正挥杆的时候能够保持轻松,跟上呼吸,然后将球击出。降低挥杆速度,并不是说要减小挥杆幅度。事实上,85%的力度是最佳挥杆力度,获得它的关键要领是,充分的转肩和身体的自然伸展。减小挥杆幅度,只会收缩挥杆弧度,那就导致双手和双臂刻意用力来弥补这个不足,而结果却是相反的。

我们可通过以下三张图展示的三个要领,来控制挥杆节奏。

图1-11 挥杆要领之一:上杆顶点短暂停留

图1-12　挥杆要领之二：下杆平稳加速 弧底使出力量

图1-13　挥杆要领之三：击球一刹那时的速度和力度达到最高点

四、合理选择符合挥杆节奏的球杆

球杆的选择，也会对挥杆节奏产生影响。打个比方，如果不确定自己是用6号铁杆还是7号铁杆时，最好选择长一号的球杆，轻松挥杆；而不是选择短一号的球杆，用力挥杆。因为过于用力，容易破坏挥杆的节奏。

球员如何选择适合自己的球杆呢？首先必须了解自己的挥杆速度，这是挑选球杆时最基本也是最重要的依据。众所周知，杆身相当于球杆的发动机，杆身的特性是选杆的关键所在。杆头速度这一数据，对于选择使用什么硬度的杆身非常重要。

通常来说，1号木杆（Driver）的选择标准如表1-1所示。

表 1-1

挥杆速度	选择球杆的硬度	适用对象
75 英里/小时（34 米/秒）以下时	L	多为女性球员使用
75~85 英里/小时（38 米/秒）	A 或 R	挥杆较慢的男性选手或年长选手
85~95 英里/小时（43 米/秒）	R 或 S	男选手或职业选手
95~108 英里/小时（48 米/秒）	S 或 X	职业选手或长打选手
108 英里/小时以上	X 或 XX	职业选手或长打选手

（注：来源于 CREWS 球具资料）

但是，各品牌商的 R、S、X 的硬度标准是不一样的，比如，日规（日本规格）和美规（美国规格）球杆的区别，这些杆身都有所区别。除了硬度外，选择球杆的"弯曲点"的高低位置、"挥杆重量"为多少，也都取决于球员自身的挥杆速度。

【本章小结】

本章对高尔夫运动挥杆与击球的基本原理给予了阐述，学员通过学习对挥杆与击球有了理性认识，这对学员掌握挥杆技术将产生深远影响。学员可在遵循挥杆与击球原理的前提下，建立正确的挥杆动作，并不断改进。

【思考与练习】

1. 试说明击球五要素与球飞行弹道的关系。
2. 试说明挥杆速度与节奏对挥杆稳定性的影响。

第二章 高尔夫技术基础

本章导读

本章着重介绍高尔夫基本击球技术,对握杆、站姿与站位、瞄球、挥杆步骤等基本技术进行了详细的分析和解读,并介绍了不同种类的握杆、站姿与站位的方法,指出了动作要领与练习方法。

教学目标

让学员正确掌握高尔夫挥杆基本击球技术,建立正确的挥杆动作概念。使学员通过了解不同的高尔夫基本技术,找到适合自己的高尔夫技术,并通过正确的训练方法,快速增强高尔夫运动技能。

第一节 握 杆

一、握杆的要领

握杆,是整个高尔夫动作中最基本的一个环节。握杆是否正确,是决定能否正确挥杆的基础。握杆决定了挥杆的形态,是影响击球乃至整个挥杆的重要因素。只有掌握正确的握杆方法,才能在之后的打球过程中取得持续的进步。

若挥杆动作不够正确,那么首先要检查握杆是否正确。正确的挥杆,是从正确的握杆开始的。

(一)握杆的方法

① 两手的掌心是相对的,左手在握把上端,右手在下端(相对右手球员,若

是左手球员则反之),从握把的最顶端向下 2 英寸(大约两个手指的宽度),将球杆斜穿过左手四指,范围是食指的第二个指节到小拇指的根部下方,如图 2-1 所示。

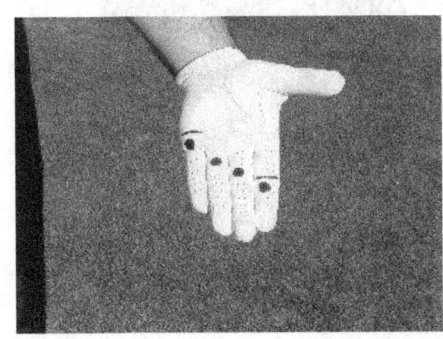
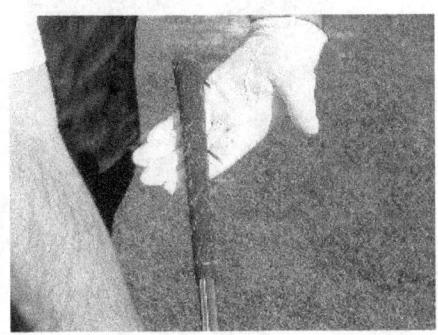

图 2-1

② 左手拇指正对杆面,前端紧贴住握把,接近握把的顶端使用手掌根部来顶住,其余四指依次握紧,食指的第二指节勾住球杆,如图 2-2 所示。

图 2-2

③ 右手的掌心生命线贴住左手大拇指,同时右手包住左手大拇指,使双手形成一个整体,用手指握杆,小拇指轻轻地放在左手食指与中指的上方,食指、中指均以第二指节握住握把,右手的食指根部呈扣扳机的形状扣住球杆,拇指贴住握把,如图 2-3 所示。

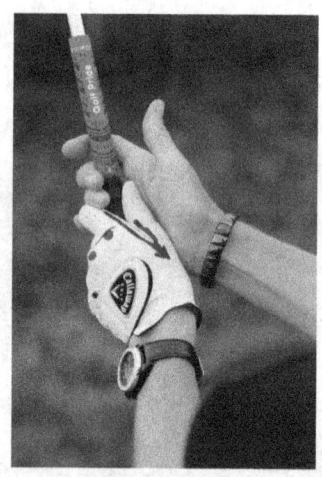
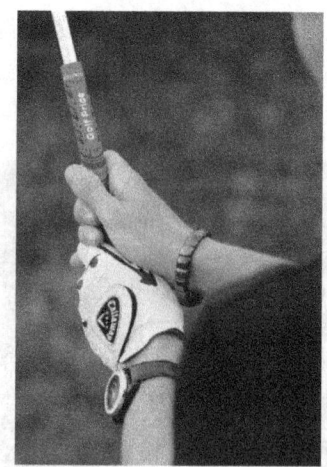

图 2-3

（二）如何检验握杆的正确与否

① 在下巴的正下方，用眼睛的余光可以看到左手的两个指节；
② 左手大拇指与食指所形成的"V"字形的反向延长线，指向右耳垂；
③ 右手大拇指与食指所形成的"V"字形的反向延长线，指向右肩。

（三）握杆的三个用力点

① 左手的三个手指：中指、无名指及小拇指握住球杆；
② 右手包住左手大拇指的部分，及右手拇指侧方的大肉垫压住左手拇指；
③ 右手食指的根部扣住球杆。

握杆，对挥杆节奏、杆头速度、挥杆及球杆的控制，乃至挥杆的整个过程都会产生很大的影响。所以，在掌握其他的挥杆动作之前，一定要保证自己的握杆是正确的。

二、握杆方式及变化

握杆，是高尔夫球基本动作最重要的环节，也是双手唯一和球杆连接的部位，根据个人力量的强弱，手的大小，可以选择适合自己的握杆方式。常见的三种握杆方式如下。

1. 重叠式握杆法

这是比较常见也是很多职业以及业余选手喜欢以及选用的握杆方式，即将右手的小拇指搭放在左手中指与食指间的正上方。这种握杆方式,相对于右手以及右臂力量比较大的选手,挥杆时会无意识地增加右手和右臂的力量和挥杆的动作幅度,这样使左右两边未能达到平衡,从而影响球飞行的轨迹。重叠式握杆,可以减弱这种影响,使左右两边尽可能地达到平衡。这种握杆的方式,一般适合于手臂力量较大的选手,如图2-4所示。

2. 互锁式握杆

右手小指与左手食指相互交扣,降低右手握杆位置的握杆方法。这种握杆方式给人一种整体的感觉,主要是注意左手食指与右手食指不要相互扣得太深,否则很容易双手的角度发生变化,不能自如地控制球杆。正确的方式应该是,双指轻轻地扣在一起,切勿太紧。互锁式握杆,一般适合于手指比较短的选手,也适合女士、小孩或身体比较弱的男士,如图2-4所示。

3. 棒球式握杆

也称之为自由式握杆,是指双手手指分开,十指要自然地握在握把上,类似于棒球的握法。这种握杆的方式,比较适合女士、小孩等力气较小的选手,如图2-4所示。

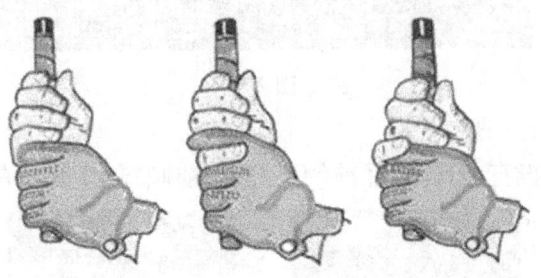

图 2-4

不管是选用何种握杆的方式,都要尽量缩小双手的缝隙,使双手保持成为一个整体,这样才能形成一体化。

第二节　站姿与站位

一、站姿的基本要领

站姿,是指击球准备时双脚的位置。站姿包括,双脚的分开宽度,双脚的位置。有了好的握杆方式,就需要有个良好的适合自己的站姿。这样就能获得挥杆时所需要的平衡和良好的支撑,为流畅地释放每一部分力量奠定基础。

(一)身体的姿态

① 双脚脚跟内侧宽度应与双肩宽度一致,左脚略微打开,右脚脚尖应与目标线垂直,双膝放松微屈;站位时,右脚内侧应该有种受力的感觉;双膝应微向里靠近,双脚分开的宽度应随球杆杆号的增加而变窄,如图2-5所示。

图 2-5

② 保持背部挺直,身体自然前倾,一般向前倾斜30度左右,如图2-6所示。

图 2-6 用球杆校正背部

③ 双手放松自然垂直于身前,臀部向后顶住,保持重心落在前脚掌,如图2-7所示。

图 2-7

④ 下巴抬起,双眼正视前方,头部向右转动10度左右,保持与胸口间的距离,以便双肩有转动的空间。

⑤ 站好后,右肩略微低于左肩,右肩不能向前挺起超过左肩的位置。

(二) 站姿的种类

平行站姿:是双脚连线与目标平行的站姿,由内而内能够打出直球的挥杆路径。这也是比较理想的站姿。初学者应该从平行站位练习。

开放式站姿:是左脚略微向后的站姿,因杆面开放,容易打出右曲球。这是因为抬头用眼瞄球,造成身体随之转动而形成的。初学者比较喜欢这种站姿,因为这样比较容易送杆。通常因这种站姿方向性比较好,在不追求距离而强调方向的中短距离击球时采用。

关闭式站姿:是右脚略微向后,瞄向目标右侧的站姿。采取关闭式站姿,挥杆时挥杆路径为由内向外,因而加大了球的左旋,增加了球的飞行距离。采用关闭式站姿的人比较多,但关闭式具有身体转动及送杆困难的特点,如图 2-8 所示。

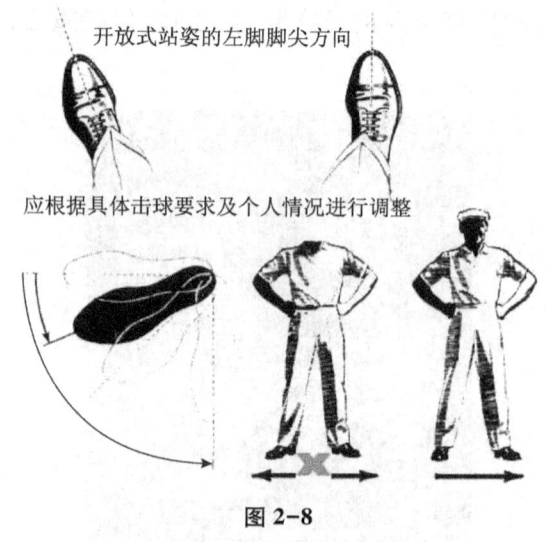

图 2-8

(三) 球杆与身体的距离

球杆越短,离身体的距离就应越近,尽管因体型的差异,球杆与身体的距离会有些差别。要确定身体与球杆的距离是否合适,可在做好击球准备后,右手放开握把,握拳试试握把底端与大腿之间的空隙,最佳的距离是一拳至一拳半。

将杆头放置地面,杆底着地,这也是身体与球位的适当距离。要注意的是,握把顶端始终要指向最佳的肚脐位置。

球杆与身体的位置如果过窄,挥杆动作就会不够舒展;而过宽,会给人以手臂与身体分离的感觉;同时,转动而产生的加速度在击球的瞬间,也无法充分地传递到杆头。

只有找准身体与球位的距离,才能挥出如同职业选手那样理想的挥杆动作。

二、使用不同球杆时站位重心的分布

使用不同的球杆,站位时重心的分布也是不同的,因为不同球杆的形态及挥杆动作不太相同。

(一) 使用木杆时的重心分布

重心略微靠右,也就是体重分配要求右脚 60%,左脚 40%。这种站位可以获得更大的挥杆弧度及杆头向上击球，并增加球的飞行距离。

（二）使用5、6、7号铁杆时的重心分布

重心在两腿中间，也就是体重分配双脚各50%。这种站位挥杆动作比较均衡，从而获得最大的杆头速度。

（三）使用短杆时的重心分布

重心略微靠左，也就是体重分配要求右脚40%，左脚60%。这种站位时，双手应置于球位的前方，这样下杆时可以做到向下击球，以保证短杆要求的击球准确性。

（四）使用推杆时的重心分布

短推时，重心应该偏左，这样可以增加身体的稳定性，有利于推杆动作要求的"身体钟摆运动"。

三、使用不同球杆时站姿与站位的确定方法

根据所使用球杆的不同，球位的分布也会不同，相应的站位也就有所不同，挥杆的路径也会发生变化。现代高尔夫将使用不同球杆时、与不同球位相对应的站姿和站位的确定方法分为两种，如图2-9所示。

（一）杰克·尼克劳斯式站姿与站位

杰克·尼克劳斯式站姿与站位，是指左脚保持固定，右脚随着球杆杆号变小或变大而相应地往后或往前移来确定站姿与站位的方法，即，球杆杆号越小，右脚越往后移，并同时采取关闭式站姿；杆号越大，右脚越往前移，并同时采取开放式站位。

（二）本·霍根式站姿与站位

本·霍根式站姿与站位，是指根据球杆的不同，以双脚中间为基准向左右略微调整来确定站姿与站位的方法，但一定要保持相同的挥杆动作。根据杆身的长短及杆面倾角的不同，击打出不同距离和弹道。也就是说，球杆越短，球位越靠右。因为短杆的杆面倾角较大且构造不同，若想以向下的角度击球，球位就必须靠右。

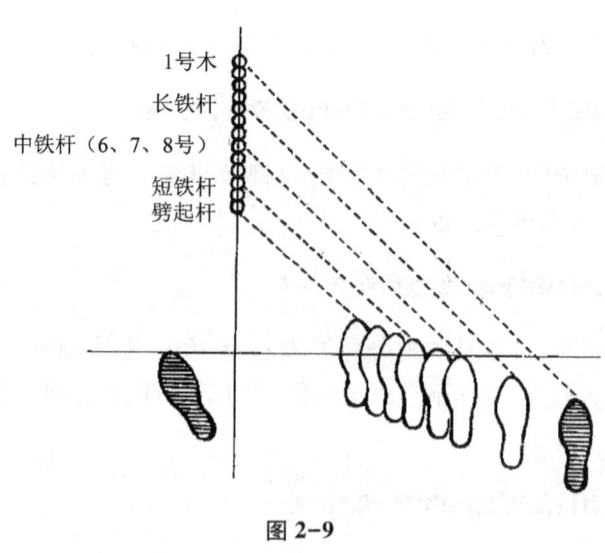

图 2-9

第三节 瞄球与挥杆

一、瞄球

瞄球,是击球准备体系中最重要的一环。瞄球体系是决定身体各部位瞄准时先后顺序的概念,它是以杆面为基准进行的,离杆面越近的部分,越需要正确的瞄准姿势,故此时任何一个失误都将会对球的飞行产生重大的影响。如图2-10所示,五个箭头指示的方向代表了建议遵循的瞄球先后顺序。

(一) 杆面和双臂的瞄准

1. 杆面的瞄准

杆面是离球最近的部位,所以首先需要做到正确瞄准。为了将杆面稳定地还原至方正击球位置①,第一步就是使用中式握杆,因为它在挥杆过程中不影响杆面的指向,如图2-10和图2-11所示。

---

① 方正击球位置:指常说的正确的杆面位置,即杆面垂直于球。

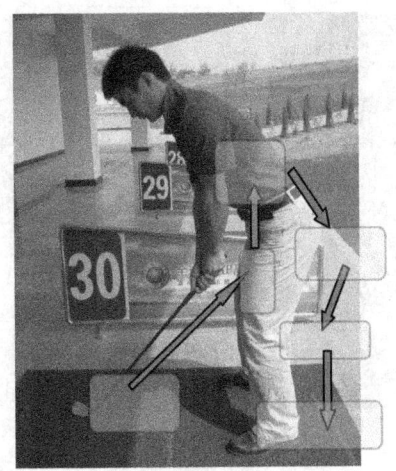

图 2-10

图 2-11

瞄准过程中后续的每一个环节,都将围绕如何使杆面指向正确的方向展开。没有正确的杆面瞄准,瞄准过程的其他环节也将出现问题,而无法保证球按照理想的飞行路径飞行。

2. 双臂的瞄准

双臂瞄准是瞄准体系中第二个重要环节。杆面瞄准和双臂瞄准这两项如能正确地完成,则其余的环节将变得较为容易,如图 2-12 所示。

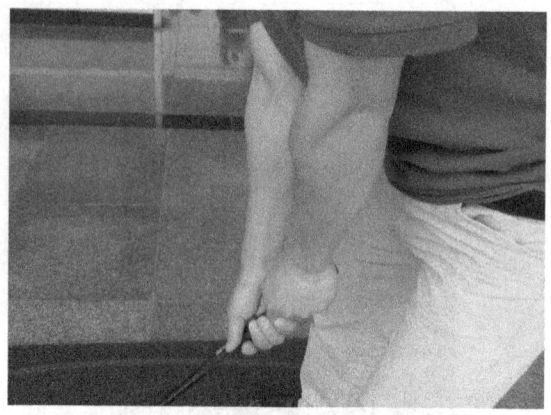

图 2-12

当一名球员未使用中式握杆而使用强式握杆或弱式握杆时,会直接影响双臂的瞄准。当双臂的瞄准不正确时,肩部和胸部的指向也将出现问题。

(二)双肩和躯干的瞄准

双肩和躯干的瞄准,是下一个重要的瞄准环节。双肩应该与目标击球线平行。如果一名球员能做到肩部和躯干与杆面的瞄准协调一致,则瞄准的准确性就能更好,如图 2-13 所示。

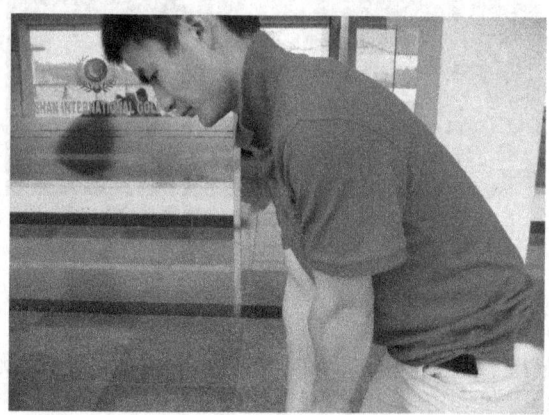

图 2-13

（三）臀部、膝盖和双脚的瞄准

臀部、膝盖和双脚三个部分的瞄准,构成了瞄准体系的最后环节,如图 2-14 所示。

图 2-14

在此最后环节可对照如下几点进行检查,看瞄球姿势做得是否到位。
① 瞄球站好后,双脚平均用力,重心通过两脚掌的连线;
② 膝盖位于脚掌正上方,肩膀最前端与脚尖在一条垂直线上;
③ 双脚、双膝、双肩、双眼的连接线与目标线平行;
④ 身体各部位要放松,但要保持一定的弹性和张力。如图 2-15 所示。

图 2-15

二、挥杆

挥杆一般可分为如下几个步骤:起杆(Start Up)、立腕(Back Stroke)、到达顶点(Top)、重心转移(Start Down)、向球的方向运动(Down Stroke)、向下立腕(Release)、击球(Impact)、送杆(Follow Through)、收杆(Finish)。下面分别简单做下阐述。

(一)起杆

摆好正确的站姿后,使肩与两臂保持三角形状态(见图2-16),从旋转度最大的杆头开始,以手、臂、肩膀后侧的顺序跟着杆头转动。这时最重要的是,用身体哪一部分的力量开头。为了能做出一贯性挥杆,用双手向侧面移动杆头并以左肩后侧发力开始挥杆。这时注意,由于多用右手而引起的提前或超出挥杆平面的挥杆,如图2-17所示。

1. 注意要点

手腕角度与预备瞄球时相同,手腕不能有丝毫的翻转,双臂与肩膀形成的三角形保持不变,由肩膀带动,从瞄球到起杆位置,肩、手臂、球杆一起移动。

① 杆头向球的正右侧运行,脚左右的距离重心平移;
② 控制下肢保持不动,上肢自然顺势旋转;
③ 双手带动身体做拉伸运动,惯性和节奏性重点提高。

图 2-16

图 2-17

2. 检查要点

① 握把末端在双手腕之间,同时指向肚脐位置;

② 杆面面向球;

③ 大约70%的重心向右侧移动结束;

④ 右膝关节保持不动。

3. 练习要点

① 上肢平移练习;

② 脊椎保持不变,如图 2-18 所示。

图 2-18

(二)立腕

手腕,常有三种运动方式:一是左右摆动,二是旋转运动,三是上下运动。三种方式,以左右摆动幅度最大,旋转次之,上下运动幅度最小。手腕,是整个挥杆中将身体力量传输到球杆的枢纽,也是最为薄弱的环节;所以,击球是否扎实有力,很大程度上取决于手腕的运动。根据力学和电阻原理,在力量一定的情况下,手腕幅度越小,损失力量越少,引起身体晃动越少,传输的力量越多,自然击球稳定、扎实、有力。在右侧引杆立腕时,挥杆平面变陡,手臂、肩的动作带动身体一体旋转,握把末端指向预备球位(见图 2-19)。左臂与地面平行,左手完成立腕;同时,手要与握把保持一体性,在上杆过程中不要直接立腕,要向右侧拉伸的同时立腕(这样才能更好地放大空间);在上杆时,杆面面向身体正前方,球杆与左手臂的角度大于或等于90度,左手背保持平面(见图 2-20)。

1. 注意要点

右侧引杆立腕时,挥杆平面变陡,手臂、肩的动作带动身体一起旋转。

① 左臂与地面平行;

② 左手完成立腕,同时手要与握把保持一体性;

③ 不要直接立腕,要向右侧拉伸的同时立腕(这样才能更好地放大空间)。

2. 检查要点

① 握把末端指向预备球位;

② 杆面面向身体正前方,球杆与左手臂的角度大于或等于 90 度,左手背保持平面;

③ 站姿身体平面与左手臂拉伸平面保持一致。

3. 练习要点

① 上体拉伸动作;

② 反转上杆。

图 2-19

图 2-20

(三)到达顶点

因为挥杆动作很快,上挥杆和下挥杆两个动作之间没有明显的时间划分,它们的转换只是在一瞬间完成的,我们就把两者转换的瞬间视为挥杆顶点。

在上挥杆要完成时,左手的手腕保持正直,向拇指方向屈曲,拇指根部处形成皱折,拇指的指腹顶住球杆握柄,中指、无名指、小指紧握球杆,左手手背朝向前上方,手背背面与前臂面在同一平面上,手腕向掌侧或背侧屈曲。左肘内侧稍朝上,右肘微向内扭,左右两腋均轻轻夹住(见图 2-21)。左肩内转 90 度,位于下颚处,指向球的右侧。腰部向右扭转,右膝保持稍向内扣,左膝向右膝靠近,左踵略提起,体重要由右足内侧支撑,完成到达顶点的动作(见图 2-22)。

1. 注意要点

双肩围绕着脊柱轴直角旋转,此时臀部平行向后转动不大于 45 度,右膝盖保持不动,肩膀完全转动约 90 度,背部正对目标,整个身体就像拉满的弓一样,背部肌肉绷紧。

① 向右侧引杆完成,在自身最大限度内旋转双肩;
② 旋转肩膀,双手向右肩的方向旋转,右手肘贴近体侧放松垂直于地面;
③ 左肩伸直跨过胸前,右前臂与脊椎轴平行,确保下杆的空间。

图 2-21

图 2-22

2. 检查要点

① 杆面与手臂在一个平面;
② 双手在头部的右后侧;
③ 髋部与肩部的扭转力度要大;
④ 右腿保持起始状态,右膝保持不动。

3. 练习要点

① 只用右手做上杆动作练习;
② 分开双手做上杆练习,双手握住球杆的两端,并把球杆架在颈后,上杆时由肩部开始,带动腰部转动,到达顶点时肩转动 90 度,腰部平行向后转动不大于 45 度。

（四）重心转移

简单地说，重心转移就是因上挥杆而向右回旋的身体向左还原的动作。上挥杆的启动顺序为，杆头、臂、肩、腰、膝；而下挥杆时，则恰好相反，即从下半身开始启动，带动腰、肩、臂、杆进入下挥运动。

（五）向球的方向运动

以上挥杆时提起左足的动作为开端，左膝绷紧，左腿用力支撑，构成一堵能够耐受强力冲击的墙壁，使下肢被迫扭压紧的弹性动量和积极用力的力量向上体转移。腰部做向击球准备时的状态复原的扭转。左肩也在下肢及腰部的带动作用下，自然向左转动，同时带动在上挥杆时被拉伸的左臂作为杠杆向下拉引球杆；在挥杆顶点时被迫向拇指一侧弯曲的左手腕与左臂之间的角度更加缩小，杆头此时虽仍然被留在上面，但身体运动的力量被迫积聚，等待着击球瞬间的爆发；随后身体重量逐渐向左侧移动，两手拉引球杆至腰部的高度，腰部如同墙壁顶住身体工作的重量，保持身体的稳定。在下挥杆过程中，要注意保持身体的左半身领先，首先是由左下肢启动，并固定支撑，然后右半身在左半身的引导下自然而然地转动，一定不要在开始下挥杆时就过于主动地使用右臂。

在下挥杆的过程中，身体重量要逐渐全部移动到左脚内侧，这样有利于左侧的固定支撑，防止力量的流失，如图 2-23 所示。

图 2-23

1. 注意要点

向球的方向移动球杆,右肩往球的方向下压,髋部向左平移,重心此刻移到左腿,杆面在右肩与右手臂之间。

① 双手加速的阶段,保持肩膀的移动;
② 保持左手立腕角度的最小化。

2. 检查要点

① 杆面朝向正前方,与立腕杆面方向一样;
② 握把末端向击球线送去;
③ 胸部面向目标反方向。

3. 练习要点

① 棒球式挥杆训练法;
② 髋与肩膀的转动(可以采用橡胶条做拉伸练习)。

(六)向下立腕

向下立腕,其实就是要我们在双手通过触球区时还能够保持立腕的姿势。这样能为我们下一步的击球积蓄更多的动能,对球产生更大的冲击力。左手腕下立与旋转同时进行,头部无变化,肩膀方正,臀部夹紧(见图2-24)。右脚后跟向内侧移动,左手背处于平坦状态,右手腕与肘部保持弯曲状态(见图2-25)。

图 2-24

图 2-25

1. 注意要点

① 左手腕下立与旋转同时进行;

② 头部无变化;

③ 肩膀方正,臀部夹紧;

④ 右脚后跟向内侧移动;

⑤ 左手背处于平坦状态,右手腕与肘部保持弯曲状态。

2. 检查要点

① 杆面敞开大约7度;

② 杆面朝向地面;

③ 左肋最大限度地拉伸。

3. 练习要点

小挥杆练习。

(七)击球

冲击球的动作,实际上可以说是下挥杆动作的一部分。在两肩转动到与球的飞行线基本平行的瞬间,左手拉引球杆至腰部的高度,此时下挥杆时积蓄的力量集中于手腕向拇指的屈曲上。在这股强大的凝聚力及下挥杆的惯性力的作用下,两臂继续向击球准备时的状态做还原运动,杆头也以极快的速度开始下落,恰好在两臂位置到达击球准备的姿势时,球杆的杆头以最快的速度、最大的冲击力到达挥杆轨迹的最低点——球的位置,飞快地从球的位置正直扫过,将球击出。在下挥杆过程中,逐渐朝向前方的左手手背在冲击球的瞬间朝向目标方向,在下一瞬间随着两肩的转动向左后方向转换,而右手手背则由朝向目标反向转为朝向右前上方,身体重量集中于左腿,头部保持固定不变动,眼睛注视球的位置,如图2-26所示。

1. 注意要点

在击球的一瞬间,杆头与球的接触时间不超出千分之一秒,球与杆头分离的一刻,飞行的结果就已经决定了,除了外界和自然因素外,再也无法控制球的路线。每一位高尔夫球员在击球时的一刻都是完全一样的,根据击球的原理,要想打出直球,击球时杆面必须要保持方正,杆头沿目标线运行,击中甜蜜点。

击球时要注意以下几个方面:

击球是上挥杆、下挥杆动作的最终目的,因此,冲击球效果的好坏是由击球以前的一系列动作决定的。形象地讲,整个挥杆动作实际上是一个全身完成的鞭打动作。在挥鞭时,是将身体的力量由手臂通过鞭杆最终把动量传递给鞭梢。

图 2-26

在击球过程中也是如此,全身的动作从下肢、腰、肩、臂循序进行,动量越聚越大,最终传递给杆头。杆头在击球瞬间的运动速度最快、冲量最大。而全身任何一个环节在任何一个时间阶段出现错误,都会在击球效果上体现出来。所以,在出现失误球时,不要总是单纯考虑冲击球瞬间的问题,这样只能使人更加困惑,百思而不得其解。必须要追根寻源,寻找根本原因之所在,只有这样才能很快长进。

击球时,不要考虑是在击打一个点。一般初学者,在做空打的挥杆动作时,可能做得轻松漂亮,潇洒自如;但是在对球进行击打时,却往往将意识强烈地集中于打静止的球,即向某一点的冲击上;而这种强烈的意识,会促使打球者拼命竭尽全力挥杆打球,其结果十有八九糟糕透顶。所以,有经验的人常常以比较空挥动作和打球动作的差异来衡量一个人的技术水平。高水平的人,挥杆击球的动作基本接近于空打挥杆动作;而技术差的人,两者却大相径庭。因此,在打球时尽量淡化击球意识,不把冲击动作视为击打一个点,而是认为在击打一条线或一个狭长的区域;冲击球,只是在挥杆轨迹中杆头快速运动过程中发生的。在击球前后,使杆头面向目标方向低而长地做直线正确运动;冲击球后,再将杆头向目标方向直送出 10~15 厘米,这样才能打出好球。

2. 检查要点

① 杆身与前侧手臂成直线,右膝向内侧略微弯曲,右髋部向内旋转 45 度;

② 双肩与目标线平行或略微打开,身体的脊柱与瞄球时一样;

③ 击球瞬间左手臂保持平直,右手肘靠近杆身平面,双手在球的前面更接近

目标；

④ 杆面略微开放,与球分离时方正。

3. 练习要点

① 可用一个轮胎,做好瞄球姿势,让轮胎边缘正好位于球的位置；

② 做正常的挥杆动作,不要太用力,打到轮胎时停止。

(八) 送杆

1. 注意要点

整个身体一致转动,由身体带动手臂和释放杆头,手和手臂不可以主动用力控制球杆。如图 2-27 所示。

① 击球后,双手及杆顺势向身体内前侧送去；

② 保持杆面一直向下推动,引导右手腕自然旋转,没有主动扣手腕动作,重心转移身体左侧；

③ 保持拉杆动作,髋部方正,肩部扭转力度最大化；

④ 根据各运动规律,右脚和髋部无任何移动。

图 2-27

2. 检查要点

① 头部不动,留在球的后方；

② 双肩连线几乎与目标线平行；

③ 双臂伸直,右手臂与球杆成一条直线,杆面略微关闭。

3. 练习要点

① 上下身分支练习；

② 左腋下夹紧；

③ 只用左臂挥杆。

（九）收杆

冲击球动作结束后，体重完全由左腿支撑，左腿内侧肌肉紧张，固定左膝使之不向左游移。右踵提起，右膝向左膝靠拢，在右腿的推动下，腰部继续向左转动。身体仍绕轴心转动，右臂逐渐取代左臂占据主导地位，在杆头的带动下，右臂伸直，牵引右肩向下巴下方运动。左手握紧球杆，左腋夹住，左上臂前面向上方转动，保持两臂与肩形成的三角形，左手手背朝向左后方，杆头向目标方向大幅度挥出。两手到达腰部位置，头部保持冲击球时——瞄球时的状态，两眼仍然注视击球前球的位置。

要把顺势动作看做是冲击球的延续，不能认为已经击完球，以后的动作就无关紧要。事实上，不用看其球的飞行方向，只要看球员击球后的顺势动作就可以判断出击球效果的好坏。可以说，正确的上挥杆、下挥杆再加上正确的顺势动作，就能保证正确的击球动作。不管上挥杆、下挥杆乃至击球动作如何正确，只要顺势动作出现差错就会前功尽弃。进入顺势动作后，首先要注意继续保持挥杆过程中身体转动轴的固定，身体重量集中于左足内侧，这样左膝就自然而然地固定住了。若体重集中到左脚外侧，就必然导致左膝向左游移，身体重心不稳，致使结束动作不能正确完成。另外，进入顺势动作以后，右臂伸直，在向目标方向低而长地送出的杆头牵引作用下，带动右肩向左转动。特别要注意，此时头部仍然要保持击球准备时的状态，固定不动，两眼注视击球前球所在的位置，如图2-28所示。

1. 注意要点

收杆，是击球动作之后的自然结果，从收杆姿势就可以判断出你的挥杆是否正确。

① 头部、肩膀、双手、腰部、右脚后跟部动作，都同时完成；

② 重心完全转移到左脚，保持平稳的姿势。

2. 检查要点

① 双肩与地面平行，腰带扣正对目标；

② 右肩比身体其他部分更接近目标；

③ 左脚、左髋、头部垂直，球杆斜跨过后背，杆头指向地面；

④ 左脚不能旋转,脚尖略微离地;右脚尖着地,右脚几乎垂直地面;

图 2-28

3. 练习要点

① 棒球式训练法;
② 迈出左脚的同时挥杆,要流畅,舒展,体会杆头自然带动的感觉;
③ 扎实、均衡的重心移动。

【本章小结】

本章对高尔夫挥杆技术进行了阐述。学员通过本章学习,对高尔夫挥杆基本技术,包括握杆、站姿与站位、瞄球和挥杆步骤,应有了一定的认识,这对学员进行高尔夫技术的学习将产生深远影响。学员可在了解基本技术的前提下,通过练习建立正确的挥杆动作,并不断改进。

【思考与练习】

1. 常见的握杆方式有哪些?
2. 正确的挥杆步骤是怎么进行的?

第三章
高尔夫不同球杆的击球技巧

本章导读

　　一套高尔夫球杆,最多不超过 14 支。如此多的球杆,是不是都运用基本的挥杆技术就可以运用自如呢?我们可以观察到,每号球杆的长度、杆面倾角、重量和质量都有所不同。因此,仅运用基本的挥杆技术来完成所有球杆的挥杆过程,是肯定行不通的。所以,使用不同的球杆,挥杆动作的侧重点不相同,击球技巧也有不同。高尔夫球杆分为木杆、铁杆、推杆三大类,我们将根据球杆的这三种类型分别介绍基本击球技巧。

教学目标

　　通过本章的学习,大家会对每一支杆的特点以及它们的使用方法有一些基本的了解,初步掌握其练习方法和练习的重点、难点。在实践课中,将我们所掌握的理论知识充分运用在每一支球杆的练习上;区别对待每种类型球杆的站姿、站位、瞄球和挥杆路径,形成属于自己的一套挥杆动作。

第一节　木杆技术

　　木杆(Woods),又分为开球木(或称 1 号木,Driver)和球道木(Fairway Woods)。它们主要用在发球台上的开球,以及在球道上的长距击球。虽然它们同属于木杆,但它们不论是在站姿、站位上还是在击球方式上,都有着显著的区别。

一、开球木

与其他的球杆相比,开球木最大的特点是:长度是所有球杆中最长的,杆头容量是最大的,击球距离是也是最远的。但它的稳定性,也是所有球杆中较差的,包括球飞行距离上的稳定性和击球方向上的稳定性。

现代的高尔夫比赛,在增加球场难度的方面最常用的方法,就是增加果岭及其周边的难度和增加球道的长度。2003年的美国公开赛,球道长度仅为7190码,到了2008年的美国公开赛,球道长度就增加到了7643码,在短短的六年时间内球道长度就增加了453码。这也就对球员的击球距离,提出了更高的要求。因为,开球越远也就意味着剩下的距离离球洞区越近,第二杆或第三杆就有可能使用较短的球杆,相对将球打得靠近球洞的概率会增大。

由于开球木的球杆长度比其他所有的球杆都要长,达到了45英寸左右,同时又以强调击球距离为主,那么它的挥杆半径相对于其他球杆也会更大。所以我们在选择站姿的时候,除了遵循基本的高尔夫站姿原理,还应相应地做出一些调整,使得我们的挥杆更加稳定、流畅,击球更加扎实、有效。因此,我们在形成站姿的时候应注意的是:双脚开立,重心平均分配在两脚中间,脚趾部和跟部的压力相同,双膝微屈,两只脚之间的距离要略宽于肩;臀部上提,髋关节向后推,身体与头部保持平直并略向前倾(与基本站姿相比,身体姿势显得更为直立);双手放松并且前伸,使左臂与球杆形成一条直线。这样的站姿,能增加重心在两脚之间的移动距离,从而获得更大的下杆初始动能以及更好的身体稳定性。同时,相对直立的身体姿势和向前伸出的手臂,能为开球木那相对较大的挥杆半径让出更多的挥杆空间,使我们有空间从容地完成挥杆,并能形成较为平浅的挥杆路径。

我们前面讲了,开球木是一支追求距离的球杆,所以除了它的杆身特别长以外,它的杆面倾角也很小。这就使其在击球时与其他球杆有一个非常明显的区别。其他的球杆,都是在杆头下降的过程中间完成击球,也就是说杆头在触球后还会继续向下走,直至通过挥杆的最低点;而开球木,则是在杆头上升的过程中完成击球,即杆头是在通过挥杆最低点后,才触球的。这也就是为什么开球木不会产生打痕的原因。因此,我们在基本的站位和挥杆时要注意几个方面:在站位时,球位要更偏向左侧,基本上与我们的左脚跟在一条直线上;球体的三分之一处,应超出杆头的顶部。这样,能保证杆头在上升时触球,获得较好的起飞角度。在挥杆过程中,我们应在保证重心稳定的前提下,增加挥杆的幅度。这主要取决于,上挥杆幅度和送杆幅度。上挥杆时,在双手位置到达腰部之前,不要有腕部的动作。在两手到达腰部高度并继续往上挥时,再开始曲腕,随之转肩、转体将球杆挥至顶点。在下挥杆击球进入顺势动作后,要向目标大幅度挥动球杆,好像球贴在杆面上被球杆送出一段距离一样,这样就能击出方向准、距离远的好球。

下面详细介绍下开球木的击球要领。

(一) 开球前的设定和检查

1. 高直的站姿和挺立的背部

让身体可以得到更顺畅的转动,直接拉远"挥杆轴心"与球位的距离、扩大挥杆半径,可提升杆头速度和防止右曲球。太低下的背部易引起右曲球。

2. 设定脚位

两脚尖指向的位置:左脚尖往左打开约22.5度,右脚尖指向正前方。

若左脚尖打开的角度过大,下杆时左臀部会提早打开,容易造成右曲球。因此,若出现了右曲球,可将左脚尖往右缩小夹角。若右脚尖的角度往右打开过大,上杆时会使右臀部超幅,则会打出右推球。

3. 将球摆在正确位置

切实将球摆放在左脚内侧延长线上,除非需要打曲球或者其他原因,如配合球杆规格等因素,否则要随时检查球的位置是否合适。

4. 手臂与杆身的"夹角"要适当

所谓"适当的夹角",就是当用力甩动球杆时,手臂与离心力对抗时的角度。当用力甩动球杆时,手臂抓紧球杆不让球杆松脱时的角度,就是手臂与杆身应设定的角度。夹角设定不良,不容易打中杆面的甜蜜点。

5. 尽可能维持胸线与目标呈平行状态

虽然握杆是左手在上右手在下,不易将胸线设定到与目标呈平行状态,可适当地抬高左肩,让胸线尽量维持在与目标接近平行的方向。

(二) 挥杆过程中的注意要点

1. 挥杆过程中注意维持脊椎的直立

上杆进行中弯曲的脊椎代表着身体某处关节松弛以及重心移转不顺,这会影响到身体的扭转效率,直接影响到击球的力道和稳定性。

2. 确实移转重心

移转重心是很重要的一个动作,一号木可以架梯打的优势,可允许身体做微小的平行侧移,以便将身体重心顺利地移转到右脚(内侧),下杆时再移回左脚。

身体转移的过程有助于形成杆头低平的上下杆轨道,以打出低深的弹道。

3. 低深的轨道是打出深远球的条件

杆头从离开球位到后拉50厘米这一段距离是影响球的飞行路线的最大因素。将这段球路划出一条低平的轨道,下杆时杆头就会循着原轨道送杆。若急遽拉高杆头,则会出现冲天炮的球路。球的飞行路线往往是由上杆轨道所决定的。

4. 执行和全程监控挥杆平面

起杆前先确定挥杆的轴心位置(两肩的中间点,俗称"暴风眼"),并据此找出挥杆平面中途的"中间点"(由暴风眼往目标后延伸)。将杆头稳定地通过"中间点"并继续维持此平面到顶点。设定站姿后,将右手平举到与肩同高的位置,那一点就是挥杆中途的"中间点",作为挥杆平面的另一检查点。注意要以左手主导上杆,以保持挥杆轨道平顺。

5. 适当运用身体"所有"力量

一号木讲究距离,必须动用身体所有的力量,包括手腕、手臂、肩膀和身体,不论是大肌肉或者是小肌肉都要用到,但必须用得适当。单一部位用得太多或者用得太少都不好,遵循的原则是"不剧烈破坏挥杆平面和轨道"。比如,为了曲腕,过度收缩挥杆轨道;或过度转肩破换了挥杆平面的完整等。要注意:挥杆过程中的主角是杆头,身体是配角。

6. 节奏是挥杆的灵魂

一号木的挥杆半径是所有球杆中最大的,舒缓的挥杆节奏是打好一号木的要点之一。良好的节奏才能将身体各部位整合运用,过快的起杆往往意味着只有手在运作,也无法兼顾到挥杆轨道是否平顺。维持着平缓的节奏,身体的大肌肉才能适时地加入。挥杆过程中可慢数一、二、三、四,以控制挥杆节奏。

7. 上杆幅度影响方向

上杆幅度的大小对球路的影响很大。假设身体动作没有太大差误的情况下,上杆幅度过短会打出左曲球,需适当地加大挥杆幅度;反之,过度的上杆幅度会让杆头落后于身体,也是直接造成右曲球的原因之一。

8. 抓住适当的时间点下杆

下杆的"时间点"运用得当,才可将挥杆速度发挥到极致。当上杆的动作完成,此时手腕保持放松、等待着启动下杆;等待着杆头往后的惯性停止后转换方向,就像是荡秋千到最高点等待着秋千惯性转换往下一样,这个"时间点"的掌握非常重要。太快启动下杆,则杆头惯性尚未回转,重心仍停留在往后,会直接地削弱挥杆速度;若等待过久、太慢反应,杆头的惯性也无法让杆头速度尽情发挥。

必须用心体会并抓住杆头重力回转的时间点。这种无形的技巧除了用心体会以外别无他法。

9. 上杆顶点时将杆身对准目标

临下杆前的那一刻，杆身指引的方向就是球路的方向。当杆身正确的指向目标，也表示你的挥杆平面是正确的，球路会按照这个方向飞出。明白这个道理以后，可请一位球友帮你看看上杆顶点时的杆身角度，让它指向目标，你的球路也就直了。

（三）开始下杆

掌握开球木的关键在于形成较为平浅的触球角度，即，在上杆时维持一定的幅度，以便在下杆时维持这个幅度形成平浅的触球角度。维持挥杆幅度的方法是，让双手和头部之间保持一定的距离，尤其是在刚开始下杆时。能够保持头部和双手之间的距离，则表明你并没有从顶点的位置突然下杆，而且挥杆是从目标线内侧去扫击的。在下杆过程中头部应该保持得相当稳定。

1. 触球

开球木打法的改变可通过对弹道及球飞行路线的控制来实现。球位靠后些，向下触球，打出的球弹道会较低。如果触球角度变得平浅许多，触球瞬间杆头位于挥杆路线的最低点，感觉好像是在用右手沿着目标线追赶球，而左手的手背在触球之后仍然指向目标方向，则表明这次击球没有让球产生过多的侧旋；如果右脚跟仍然没有离开地面，则证明身体保持得非常稳定。

2. 送杆

从送杆动作可以看出球手想要打的球路。如果缩小收杆幅度，那么打出的就是一个低飞球；如果要打出高飞的球，收杆动作幅度会变大。不过在两种打法中，球手的皮带扣都会指向目标方向。右脚跟离地、脚尖着地，这表明重心很好地从左侧转移到了右侧。右手臂转动到左手臂之上，表明在通过触球区时球杆自然释放，打出的是一个从右向左飞的球。如果要打小右飞，会稍微延缓释放，以保持杆面在通过触球区时保持轻微打开的状态。

3. 基础转体的日常训练

正确到位的躯干转动，是稳定挥杆的基础。可按照下列方法训练基础转体，随时随地进行练习。稳定的站位是训练基础转体的前提。双脚齐肩宽站好后，双臂自然下垂，然后双脚同时缓缓向前抬起，感觉像跳水运动员的准备动作。这个过程中，要感觉身体非常稳定，重心下沉置于双脚内侧，同时双膝内扣。双手举起至双肩两侧，缓慢地做转体动作，在此过程中尽量让头部和颈部保持不动。

上杆转体时,将左肩转至下颚位置,感觉左侧背部肌肉扣紧。上转时肩部带动胯部,肩部转动约 90 度,胯部转动约 45 度;下杆转体时则相反,要由胯部带动肩部。

也可将一支 1 号木像举杠铃一样放在肩膀上做以上练习,训练转体的效果会更好,可以有助于保持双肩的平直。如果有条件,侧面可放一面镜子,转体过程中尽量保持双肩围绕一个平面转动。经过一段时间的训练之后,逐渐加快转体速度,在能够保持住身体平衡的前提下,转体速度越快越好。经过两三个月的反复练习,基础转体将会成为你的身体本能动作。那时,你的挥杆稳定性也将会大大提高。

转体要领
(1)稳定的站位,双脚与肩同宽;
(2)躯干与大腿保持 120 度左右;
(3)重点放在双脚内侧,双膝轻微内扣;
(4)上杆转体时肩带动胯,下杆时相反;
(5)控制转体速度,直到转体动作成为身体本能动作。

二、球道木

球道木,是指 2 号木杆、3 号木杆、4 号木杆和 5 号木杆。球道木,是要求既要有距离,又要有准确性的球杆,主要在球道上使用,因此而得名。在草较长的长草区或球道沙坑中,球的位置状态较好时,也可以使用。

在发球区使用 1 号木杆发球时,可以用球座把球架起来;而球道木,则一般是用来击打地面或沙上的球,打球的难度可以说较发球区困难,因此很容易出现各种各样的错误球。因为球杆长度和杆面倾角的关系,往往产生球不易上升的感觉。人们总是带着使球上升的意识击球,因此出现身体向左上方耸的动作,反而使杆头击打在球的上方,导致地滚球。球的飞行线的高度,是由球杆杆面的倾角决定的,只要在击球过程中以身体纵轴为中心,正确地转动身体,没有多余的上下起伏或耸肩动作,由于球道木杆杆面倾角大于 1 号木杆,自然地就能打出弹道高于 1 号木杆的球。

在使用球道木时,其站姿比使用 1 号木杆时要窄一些,球的位置不变,仍然位于左足踵内侧线上,但右足较 1 号木杆稍向左足方向移动。

在上挥杆时,要十分注意节奏,挥杆顶点时球杆的位置与 1 号木杆略有不同。使用 1 号木杆时,挥杆顶点的球杆基本与地面平行,可以认为杆头是指向钟表 3 点的位置;而使用球道木杆时,球杆与地面成一定角度,基本上是指向两点的位置。

在下挥杆时,也要注意保持流畅的节奏,不要用球杆头从上往下砸击球,而要以扫击球的感觉使杆头从球的侧面快速扫过,使杆头的底面几乎贴着地面向球的飞行方向低而长地滑行,这样就能打出理想的好球来。简而言之,使用球道木时,一个很重要的问题就是要用杆头去捕捉球,而不是向下砸球或向上抄球。

第二节　铁杆技术

一、中铁杆

中铁杆,包括4号铁杆、5号铁杆和6号铁杆。随着球杆的缩短,站位的宽度也逐渐变窄。如图3-1所示。

实际上,包括中铁杆在内,无论使用哪一种铁杆都可以被称为"控制击球",即不仅是为了将球打远,更重要的是将球打上球洞区或瞄准的区域;而其中,中铁杆又是铁杆中使用最频繁的球杆,所以能否很好地应用中铁杆,会直接影响打球的成绩。

图3-1

首先,在使用中铁杆时,没有必要为求得距离而牺牲准确度,不需做过大幅度的上挥杆,一般以挥杆顶点时杆头指向1点钟的位置为好。如图3-2所示。挥杆节奏清晰流畅,仅用全力的80%就足够了,如果拼尽全力以很快的速度挥杆击球,就有可能扰乱挥杆轨迹,改变杆面的方向,造成失误球。

图 3-2

瞄球时,要从球的正后方看球,如果像使用 1 号木杆时那样稍从右后上方向下斜视的话,就容易使体重落到右足,使挥杆节奏受到影响。

在使用中铁杆时,为了避免全力击球的情况出现,可以抱着有余裕的心理选择球杆,例如,使用 6 号铁杆时的最大飞行距离是 140 米,在实际距离是 140 米时,可以用 5 号铁杆放松地打,而不必拘泥于必须使球杆和距离对号。

挥杆过程中,不要过分和过早地使用手腕,不能错误地认为要求动作放松而使握杆松懈。后摆杆时,过早使用右腕会影响击球的方向性。握杆要紧,一定要保持左手的中指、无名指和小指紧紧地握住球杆,这样就能避免因手腕松懈而使右臂右腕过早、过积极地工作,造成失误球。

在下挥杆结束、冲击球的瞬间后,还原到击球准备姿势,稍弯曲的右臂伸直推出,进入顺势动作。如果过程中过分地使用右手腕和右臂,就会造成旋向左方的球;反之,没有合理使用右腕、右臂或使用过迟时,会产生旋向右方的球。

击球前的上挥杆幅度不必过大,击球后向目标方向做大幅度的顺势动作,可以保证球的飞行方向正确。另外,稳定的结束动作姿势是十分必要的,它是检验挥杆过程中身体运动及体重移动是否合理的标志之一。如果挥杆击球时身体的动作和体重的移动有错误,结束动作的稳定性肯定会受到影响。建议初学者,在开始学习挥杆时,注意掌握好稳定的结束动作并反复练习,形成良好的动力定型。

二、长铁杆

长铁杆,包括1号铁杆、2号铁杆和3号铁杆。其中1号铁杆,因为杆面倾角太小,难以掌握,所以不常用。使用长铁杆,较使用球道木杆要求更高一些,因为它既要求飞行距离,又要求飞行的准确性;加上其杆身长、杆面倾角小和杆头轻而小的特点,并非有力量就能得心应手地使用。所以,即使是很职业的选手也都认为它是最难使用的球杆。

一般人在使用长铁杆时,常常认为这种球杆杆面倾角小,杆身又很长,因此一握住球杆就产生挥杆猛打、用力将球击远的念头;而打出去的球,不是向左就是向右,越用力击球结果就越糟糕。挥杆节奏失调,挥杆轨迹混乱,根本谈不上打出好球。所以,去掉多余的用力,保持流畅的节奏,是正确使用长铁杆的关键之一。在站姿时,体重要均匀地分布在两腿上,基本保持5∶5的比例,这样可以防止向下砸击球的错误,保持圆滑流畅的挥杆轨迹。

后摆杆时,左肩、左臂和球杆构成一体,杆头最初向后运动的20～30厘米时要尤其缓慢,然后尽量加大挥杆的幅度,左肩转到下颏下,进入挥杆顶点,此时球杆大约指向1点钟的位置。

下挥杆,以左足踵落地开始启动,此时注意左半身领先,不要因急于发力而使上体过快、过早地用臂带动球杆向下砸击球。

顺势动作和结束动作幅度要大,而且干净利落,和使用木杆一样,杆头沿地面低而长地向飞行方向扫出,头与杆头形成良好的牵引结构。

三、短铁杆

短铁杆,包括7号铁杆、8号铁杆和9号铁杆。使用短铁杆时,对球的飞行方向和距离的准确性要求更高。

在使用短铁杆时,距离较近,挥杆动作也较小,一般采用较为开放的站姿,即右足略在左足的前方,体重较多地由左腿承担,约70%的体重由左腿承担,如图3-3所示。因为,在挥杆过程中身体的回转动作较小,体重的移动也不像使用长铁杆时那样显著,所以这种体重分配方法有助于保持身体在挥杆击球过程中的稳定性,而且可以打出高弹道的球来。

有的人在想打高弹道球时,大部分体重不仅没有落在左腿上,反而用右腿来承担;忘记了凭借球杆杆面自身的倾角,自然而然地可以打出高弹道球,误认为要通过手腕动作使杆头切削出高球来。实际上,这种想法是多余的,也是不正确的。在挥杆时,不需要带有将球打高的意识,只要挥杆击球动作正确,短铁杆的

图 3-3

杆面倾角就会自然产生高弹道球。要以用杆头冲击球的意识击球,而不要用抄挖动作试图将球打起,这样反而会打在球的顶部造成失误。

使用短铁杆的上挥杆,和基本挥杆大致相同。开始后摆杆时,保持两肩、两臂构成的三角形,使杆头向飞行方向的正后方引出20~30厘米,然后上举。下挥杆时左半身领先,动作紧凑协调,结束动作后的两手位置要与挥杆顶点时的位置相对称。

需要注意的是,要调整好身体与球之间的距离,尤其不要使球距身体太远,以免两腋下部空虚,导致不稳定挥杆动作;使用短铁杆时,主要强调方向和距离的准确性,不强调过大的用力,因此无须过多地使用身体,而是以手臂挥杆为主体,在身体旋转的辅助作用下将球击出。

因为短铁杆对准确性要求很高,所以对动作的精准度要求也很高,只有反复练习,经常体会,形成正确的肌肉动力定型,才能运用自如。

四、特殊短铁杆

特殊短铁杆,包括劈擎杆(Pitching Wedge)和沙坑用杆(Sand Wedge),有时也称为10号铁杆和11号铁杆。

劈擎杆,主要用于球洞区周围,在地形条件复杂或球与球洞之间有沙坑、水障碍或树木等障碍时,将球高高打起,使球能够越过障碍落在球洞区上。也常常用来打八九十米以内的近距离高弹道球。

沙坑用杆,主要用来打球洞区附近沙坑内的球,也用来将深掩在长草区中的球打上球洞区,或将位置较球洞区很低的球打上球洞区。

劈擎杆和沙坑用杆的几种基本击球技巧,包括切击球、劈击球、高吊击球三种。

（一）切击球

切击球与推击球很相似，滚动时间占主要部分。在果岭边缘通常是长草，如果用推杆击球滚过长草则不可预测，因此我们用切杆使球越过长草，然后再让球在果岭上滚动。切杆击出的球，在空中飞行的时间很少，大部分时间是在地面上滚动。

切击球的站位，采取窄而开放的站位法，体重主要由左腿支撑，球位在站位的中间稍偏后一点，如图3-4所示。球杆杆面正对目标方向，后摆杆时以两臂带动杆头直线向球正后方引摆，手腕一直保持固定，自始至终不向拇指方向做屈曲运动。这种挥杆动作幅度，始终位于膝部以下。

图3-4

下杆由两臂带动球杆，杆头底面贴着地面朝目标方向对球进行扫击，保持身体重心，两腕固定。注意击完球后，杆头的高度也始终位于膝部以下。

（二）劈击球

当在高尔夫球和果岭边缘之间有更多的长草区域时，使用劈击。要求使用更大的挥杆幅度，使球越过长草区。球在空中的飞行更高，滚动距离相对要少些，大约有50%的距离在空中飞行，另外50%的距离在地面滚动。

以右手球员为例，劈击球的站位也是采取略窄而开放的站位法，体重主要由左腿支撑，球位在站位的中间，如图3-5所示。杆面正对目标方向，杆头只要有一点点接触地面便可。后摆杆，是身体与双手和手臂一起的动作，手腕也在适当时机曲腕，把球杆带到完美的位置。劈击时，杆头后摆高度一般在膝部和肋骨之间。

图 3-5

下杆时保持身体重心,身体回转同时配合手臂和双手完成击球动作。

(三)高吊击球

高吊击球,是一种非常冒险的击球,在没有别的选择时方可使用。使用高吊击球,飞越沙坑、土丘、水塘等障碍,就是很好的例子。高吊击球的挥杆幅度最大,击出球的弹道很高,球在空中飞行的时间更长,落地后会很快停住。

以右手球员为例,高吊击球的站位同样是略窄站位法。为了使球杆杆面角度更大,双脚的站位更为开放,体重主要由左腿支撑,球位在站位的中间或略靠左脚。杆面略朝目标方向右边,杆头轻轻接触地面,如图 3-6 所示。上杆过程中,双腕有明显的屈曲,配合身体的转动,让球杆和左手臂之间形成一个 90 度的夹角。这是形成必要的下杆击球角度和产生杆头通过击球区必要速度的关键。

图 3-6

下杆时保持身体重心,身体回转同时配合手臂和双手完成击球动作。高吊击球的挥杆幅度,如果以双手为准的话,幅度最大可挥至头部的高度。

第三节　推杆技术

推杆,是击球入洞的最后一部分。对于多数高尔夫球员来说,它大约占击球数的50%。推杆技术,是最容易掌握的技术,它是高尔夫运动中挥杆动作最小,小球运动轨迹最稳定的一种方法。然而,解读果岭以及对速度和拐点判断的能力,需要多年经验的积累才能掌握。所以,推杆技术也可能是比赛中最容易令人沮丧的部分。

一、击球准备

推杆的击球准备,我们可以从三个方向来观察学习:前侧方观察、正前方观察、从上往下观察。

前侧方观察。双眼垂直线,位于球的正上方或在球的稍微内侧;推杆的杆头平放在地上,杆头和小臂瞄准同一方向,杆身和前臂成一条直线;膝盖稍微弯曲,上体成虾背状,如图3-7所示。

正前方观察。双眼垂直线,位于球的正上方或在球的稍微后侧;杆身处于自然倾斜位置,不后倾,也不前倾;肘窝朝前,身体自然放松,重心平均分配在两脚,如图3-8所示。

图 3-7

图 3-8

由上往下观察。球位于双脚之间,在前侧脚跟的稍微内侧;杆面与设想出球方向垂直;球与推杆甜蜜点连成一线(甜蜜点可能不是杆面的中间线);双脚脚尖连线与目标线平行,双脚脚掌与目标线垂直,如图3-9所示。

图 3-9

二、握杆的类型

推杆的握杆方法多种多样,与全挥杆的握杆有所不同。标准的长杆握杆方法,可以让手腕弯曲并翘起以产生力量;而推击要求较小的力量,但要非常准确,所以必须采用一种不同的握杆方法。下面介绍几种常见的握杆方法。

(一)反向重叠式握杆

这是多数高尔夫球员采用的方法。它是从全挥杆法中使用的重叠式握杆演变而成的。它们的区别在于,上面手的食指放在外面(代替下面手的小指),上面手的食指会放在下面手的几个手指之上。这种握杆法使手和腕部难以弯曲和向下移动,如图3-10所示。

图 3-10

（二）反手握杆法

这是高尔夫球新手开始采用的绝佳的握杆法，因为它使前侧手臂具有控制击球的强烈感觉，而且只用微小或完全不用手腕动作。

前侧手充当下面手，与正常握杆相反，如图 3-11 所示。

图 3-11

（三）鲁尼恩握杆法

这是以保罗·鲁尼恩命名的握杆方法，他以杰出的推杆而著称。鲁尼恩握杆法是双手朝前，以反重叠式握好杆的方法。这种方法的特点是迫使双肘锁定，并使手腕很难弯曲，如图 3-12 所示。

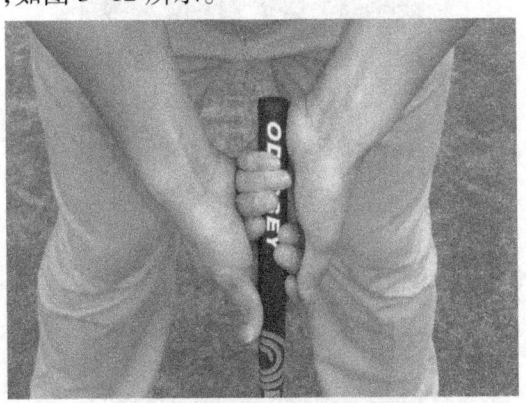

图 3-12

（四）双手分离式握杆法

这种握杆法,是感觉双手能协调一致的好方法。由于两只手分开,手腕的任何动作都将有强烈的感觉,如图 3-13 所示。

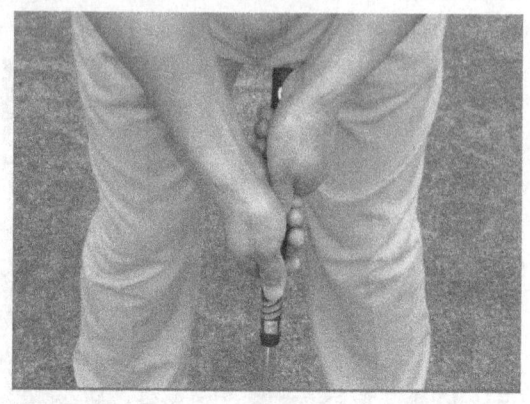

图 3-13

（五）拉锯式握杆法

这种握杆法,改变了手臂在击球准备时的指向。这样的握杆方法能减小手腕动作的幅度,并且手臂的位置能够更好地保证杆面的方正击球,如图 3-14 所示。

图 3-14

三、距离的控制

成为一位推杆高手的最重要的技能,是距离的控制。调控距离的方式,是保持相同的节奏,而改变击球动作的幅度。上杆的幅度增加时,杆头有更长的加速时间,从而产生更快的杆头速度和更远的击球距离。通过对上杆幅度的调整,可产生预想的杆头速度,上杆与送杆的幅度要基本对称。

总而言之,在节奏相同的前提下,推短距离上杆幅度小,推长距离上杆幅度大,具体幅度大小则需要球员在平时的练习当中去积累经验。

【本章小结】

各种球杆在基本的挥杆技术基础上,准备姿势、上下杆的幅度和击球方法都会有所不同。所以我们一定要认真学习,区别对待,在实践中刻苦练习,熟练掌握各种球杆的击球技巧。

【思考与练习】

1. 简述开球木与球道木有什么区别,技术动作特点有何不同。
2. 简述短铁杆有何特点。
3. 简述特殊短铁杆的几种击球技巧,并且在什么情况下使用。
4. 推杆的握杆类型有哪几种?

第四章
高尔夫实战技术与策略

本章导读

大多数的高尔夫制胜诀窍,都是以减少失误为最高指导原则。在一场球中,尽管你有14个洞表现杰出,但是其他4个洞失误频频,整场下来的杆数还是不会好。其实在整场球中,能做出完美的击球可能只有一两次。因此,我们更要充分凸显好球,使其发挥制胜功能,尽量减少不良击球对整体成绩造成的负面影响。所以,好的实战策略和好的击球技术一样重要。

教学目标

通过本章的学习,让学员了解临场实战时的技术和策略,建立正确的击球决定和技术运用。提高学员临场应变能力,面对棘手的球位、场地,都能从容应对。

第一节 临场前的准备

一、热身练习

高尔夫球员,在平日练习或比赛开始前,都应做相应的热身运动。通常球员都需要至少20分钟的有氧热身运动来提升肌肉的温度,加速神经的传导作用,增加神经肌肉感受器的灵敏度,提高神经肌肉间的协调作用,以满足击球时的各种姿势需要。一般情况下,最好先做5分钟左右的舒展运动,接着练习中低强度击球动作,并逐渐将练习强度提高。适当的热身运动,不仅可以提高神经、肌肉及心血管系统的功能;最重要的是,正确而充分的伸展运动,可以有效预防肌肉、韧带及其他结缔组织的运动伤害。

肌肉的弹性(即伸展性),取决于其中的血液饱和度,当肌肉中的血液饱和度较低时,肌肉、韧带往往比较容易拉伤。而通过牵拉伸展肌肉,能加快肌肉、韧带的血液循环,消除低肌肉组织之间的黏滞性,增加它们的伸展能力,提高击球质量。打完球后也可做一做伸展运动,舒缓肌肉疲劳和肌肉的紧张、僵硬,促进肌肉生理功能的恢复。此外,伸展运动的效果,不仅表现在生理方面,同时对精神方面也有显著效果,它能够减轻身心疲倦,舒缓精神紧张,使人在运动后感到舒筋活络、精力充沛。

因此,无论是专业球员还是一般高尔夫球运动健身者,都应该懂得伸展运动的原理,并养成运动中和运动后做伸展练习的良好习惯。

下面介绍三个简单易做的热身运动。

(一)球杆置于背后的热身运动

1. 方法

球杆置于背后,用手肘弯处夹住球杆。然后朝左右两侧转动身体,逐渐增加身体转动的幅度。转动身体的时候,重心要随之左右移动。一直持续这个练习,直到背部肌肉松弛且无法再加大身体转动的幅度为止,如图4-1所示。

图4-1

2. 目的

松弛下背肌肉,增加身体活动的幅度,还可使全身在挥杆时获得良好的平衡。

3. **建议**

每次挥杆之前,一定要先做这个练习。

(二)增强体力和弹性的跪地挥杆

1. **方法**

双膝跪地,双臂前伸,两掌对向。肩膀尽量向右转,直到左肩位于下巴的正下方。双手和双臂在转动过程中,一定要保持在胸部的正前方。肩膀向右转动时,身体左侧的肌肉要有紧绷的感觉。肩膀换朝另一个方向转动,让右肩位于下巴的正下方。如此来回,反复10次,如图4-2所示。

图4-2 跪地挥杆练习

2. **目的**

增强肩膀、腰部、臀部的力道和弹性,而且随时随地都可做的一个热身运动。只要持之以恒,可增加身体活动幅度,还可使你在上杆时完全转动身体,以便辅助双手和双臂的动作。

3. **建议**

将这个练习纳入早晨或夜晚的例行运动。

(三)增强手部和下臂力道的挤球练习

1. **方法**

双手有空闲之时,就可用左、右手交替挤握一个橡胶球,每5分钟换手一次。

2. 目的

双手和双臂的肌肉,对挥杆动作而言是最重要的肌肉。因此增强手部、下臂的力道和柔软度,不但可增加挥杆速度和击球距离,更可加强控球的能力。

3. 建议

每天花 10~20 分钟的时间做这项练习,可获得很大的效果。

二、练习场击球练习

许多高尔夫球员,看起来很难把在练习场上的水平带到下场时的打球中。在练习场上,他们可以轻松地击球,但是当下了球场,情况就全变了。一整套完美的动作,从挥杆到击球,每一个为打球训练的动作,感觉全没有了。大部分高尔夫球员既在练习场上练球,又要下场打球,但是他们却不能保持一样的状态。解决这个问题的关键就是,要在训练时按照下场打球要解决的问题来练!模拟下场打球时的情形,来练习将要使用到的球杆。

统计表明,球员们在中间 10 个洞的平均成绩好,在前 4 洞和后 4 洞的成绩差。很明显,这是因为球员对成绩的预期增加了自身的压力,使得他们情绪紧张,在一轮比赛的末尾打得不好。但为什么在前 4 洞也打不好呢?这可能是因为球员并没有想好在前几洞攻果岭如果失误,应该采取怎样的对策。这些数字,说明了在比赛前练习短打、增强手感的重要性。

第二节 发球区实战技术与策略

一、发球的方向控制

(一) 架球梯(Tee)位置

发球,在每一洞都是一个开始。根据风向和球道走向的不同,在发球台上选择从靠左侧或右侧开球,是很重要的。如果风是从右侧吹来,那就要靠发球台右侧开球,这样就能凭借风势顺利攻上球道;相反,如果风是从左侧吹来,将球架在发球台左侧开球,球向右侧飞行的距离会比较大。因为,如果逆风的距离长,会直接影响球的飞行距离,所以,球应当架在发球台顺风面大的一侧,这样击球距离可能能多出 5~10 码。

如果球员总是出现右旋转球时,可以选择把球架在发球台右侧,但目标对准球道左侧,这样击出去的球起初是飞向球道左侧,但在自身的旋转作用下,球会返回到球道中央。

图 4-3

反之,当球是向左旋转时,应当把球架在发球台左侧,目标对准球道右侧。

(二) 风向

正常使用木杆时,球会架在高出杆头半个球的位置。如果顺风,球可以适当架高,约超过杆头三分之二个球的位置,这样球会打得更高,借助风力可以飞得更远。

如果是逆风,球就架在和杆头齐平的位置,这样打出去的球仰角度不会很高,飞行弹道较低,对距离的影响也可降低。

在风中打低飞球时,应使用比以往面对这种距离时长2号的球杆。握杆时双手下移,接触到杆身,这样更容易控制速度。挥杆轨道应比以往更平,因此在上杆时和顺势动作中都不要使双手高于肩部。触球时,将胸部转至球前方,做出扫击,使球从地面飞起。做出这些调整是为了降低挥杆速度,避免向下击打导致球高高飞起。慢下来的挥杆速度,加上较平的挥杆轨道,将使你打出凌厉的低飞球,在风中杀出一条道路。

二、发球区高于球道或球洞区时

若是发球区高于球道或球洞区时(如图4-4),应使用1号木杆,这样既可以充分发挥球在空中的飞行能力,又可以利用下坡地形使球得到较大的滚动距离。

但是有一点需要注意,一般人在打这种球时,常常将球道上的某一点作为目标,在这种心理作用下,很容易在下挥杆时不由自主地向上耸左肩,这种错误动作会造成失误球,使杆头打在球后面的地面或球的顶部。所以,在选择目标时最好以假想的与发球区等高的某一点为基准,而且注意站位和挥杆时保持正常的状态。

图 4-4

三、发球区低于球道或球洞区时

当发球区低于球道或球洞区时(如图4-5),如果球的弹道低,球在空中飞行距离短,滚动距离又不能得到充分发挥,就会影响击球的总距离。而能打出较高弹道的球,这样既可充分利用球在空中的飞行距离,又可相对减少球落地后滚动距离的损失。

图 4-5

因此,最好的选择是使用杆面倾角较大的3号木杆,以打出稳定的高弹道球。

若想使用1号木杆,那么要在架球时使球梯的高度高出正常标准,而挥杆时仍然采用正常的挥杆技术,这样也能打出高弹道的球。

四、有障碍区或界外区时

如果开出的球有可能进入障碍区和界外区(如图4-6),通常会对人的心理造成很大压力。面对这种情况,最好不要冒险,尽量放松心情。开球时,注意力要永远集中在你希望球落在球道的什么位置,而不要将注意力停留在障碍区和界外区上。很明显,对于标准杆为4杆和5杆的球洞,开球的重点不是距离,而应当考虑球的落点要有利于下一杆。因此,尤其在发球区上要保证战术应用得当,尽可能避免击球失误是很有必要的。

如果球道的右侧有障碍区和界外区,应尽量将球架在发球区的右侧,瞄球把目标选定为球道偏左侧的区域,这样将最大可能地避免球飞向右侧。

图4-6

如果球道的左侧有障碍区和界外区,则反之,将球架在发球区的左侧,目标选定为球道偏右侧的区域。

第三节 球道区实战技术与策略

一、不同球路

要想让成绩有所提升,首先必须掌握在各种不同的情况下击球的技巧,让球能够如自己所愿地飞向目标。这就是说,我们必须具备打各种球路的能力。高尔夫的完美球路,并不是直球。小右曲或小左曲球,事实上可带来更多的失误容许空间。学着打稳定曲度的球,所面对的目标将增大一倍,因而可以打上更多的球道,打上更多的果岭。

在球道上打球,一般用正常的挥杆动作就可以了,但是在不同的具体情况下,有时也需要打一些战术球。

(一) 右旋球的打法

在打球时,有时球可能会落在球道中央的一棵独立的树后面,而这棵树恰好位于球与球洞区之间,挡住了球的飞行方向,如果打直线球的话就会碰到树,不能将球打到预想的方向。在类似这种情况下,可以采用打旋转球的战术使球绕过树或其他障碍物,飞向球洞区或预想的目标。根据具体情况的需要,可以选择打右旋球或左旋球。

如果要打右旋球,应选择右奔站姿,身体向左开放。开放的程度,随所需要的球的旋转程度而不同。若需要较大幅度的右旋球,则开放程度稍大一些,反之则小一些。球杆杆面,仍然朝向目标方向。这样在下挥杆时,球杆杆头从右前外上向左后内下形成斜向的由外向内的运动,即下挥杆轨迹与球的飞行方向线呈从右前向左后的交叉。这样,在杆面非正向运动的作用下,球受到侧旋力的作用而成为右旋球。

(二) 左旋球的打法

打左旋球,与打右旋球的原理是一样的。要采用左奔站姿,两脚连线稍朝向球的飞行目标线的右侧,球杆杆面朝向飞行目标线。在下挥杆时,杆头从右后内上向左前外下形成斜向的由内向外的运动,即下挥杆轨迹与球的飞行目标线构成从右后向左前的交叉。这样,球在侧旋力的作用下成为左旋球。

(三) 低平球的打法

要使球从树中间或较低的树冠下穿过或遇强逆风时,一般要打较低的球以保证安全。在打低球时,一般使用杆面倾角较小的球杆,通常使用木杆或长铁杆。这样击球时由于较小的杆面倾角的关系,可以减小球的上升角度,使球的飞行弹道低而平,避免碰到妨碍物。站姿要采用直角站姿,球的位置要较一般正常站位时靠近右侧一些,球的位置基本上位于站位的中央,而不是在左脚脚跟的前方线上,这是打低平球的关键所在。一般来说,球的位置越靠近右侧,球的弹道越低,这是因为球的位置偏右时杆头冲击球的瞬间是在下挥杆的下降阶段,而不是挥杆轨迹的最低点,这样就使击球时杆面的倾角相对减小。

体重较多地由左腿支撑,在挥杆过程中也保持这种状态,可以将球杆握得稍短一些,以使挥杆动作紧凑,易于控制。在下挥杆过程中,手要较球杆头先行,由于球的位置偏右,冲击球时球杆杆面接近垂直于地面,使杆头低而长地运动,击球时左腋夹住,两臂不要上提。挥杆的动作紧凑,不必过大,可采用四分之三挥杆,即挥杆的幅度为一般正常挥杆的四分之三。结束动作不需要很大,两手到达腰部高度即可。

(四)高弹道球的打法

高球,是一般用于使球越过树木或其他较高的妨碍物时打的球。在打高球时,因为有一定的冒险性,所以首先必须是根据树或妨碍物的高度和球与树木之间的距离进行分析,判定球是否确实有可能越过去,然后确定球的飞行高度。在打高球时,毫无疑问以使用杆面倾角较大的短铁杆最为理想。特别是球距离树木较近时,必须选择杆面倾角较大的球杆,但球距离树木较远时,就必须既要打出一定的距离,又要打出一定的高度,也就是说不得不使用杆面倾角较小的中铁杆甚至长铁杆。站姿,可采用较小的右奔站姿,球的位置与正常挥杆时一样,处于左脚脚跟正前方线上。使杆面稍后仰,以人为地增大杆面倾角,体重较多地由右腿支撑。上挥杆时,使肩充分回转,采用直立式挥杆。在下挥杆时,带着做较高结束动作的意识使杆头从球的位置扫过,这样在击球准备时已经人为地增大了杆面倾角,再加上由于体重偏于右腿而造成的使球上升的挥杆动作,自然而然地就会加大球的飞行高度。

有一点需要注意,有些人为了打高球而在球杆杆面冲击球之前使左肩向左上方耸,以为这样就可以把球"抬"起来,但其结果往往适得其反,不仅不能打出高弹道球,反而打出失误的低球或地滚球。这是因为左肩的上耸会使下挥杆时杆头的速度加快,并"提高"杆头的高度,不能保持击球时杆头、两手、两臂及身体之间的正常位置状态,破坏了正常的挥杆节奏,使杆头击在球的顶部造成低弹道球或地滚球。

二、不同站位

站位是因为地势的不同而产生的站立位置的改变,而站位的不同则需要选择对应的不同站姿。因此站姿,在高尔夫球技术中起着举足轻重的作用。因为高尔夫球不同于棒球,它要求将球按特定方向打到特定地点,站位的好坏将直接影响球的飞行方向。

高尔夫球技术中的站姿,并不仅仅单纯是为了打球而站在球的旁边,而是为了正确地击球,使球向目标方向飞行打基础。仓促的站姿,很容易产生方向的偏移,而即使是很小的站姿方向错误都可能导致一次击球的失败,即人们常说的"失之毫厘,谬以千里"。

(一)斜坡球

在斜坡上打出去的球,会顺着斜坡的方向偏去,所以在挥杆的时候要先预估出球的方向会偏出多少,然后把球击向相反的方向来抵消它。

如果球迎面朝你倾斜过来,你的脚比球低,打击出的球就朝左偏,打这种球的时候要把手握在握把的下缘,人离球远一点,身体的重心放在左脚的前掌,这样可以站得稳一些,球的位置要在中间靠右的地方,挥杆的时候下杆要重一些(因为杆子短了,挥出来的弧小,球距变短),瞄准目标的右边。

如果球的位置比你站的位置低,你面朝下坡的方向击球,这颗打出去的球就一定会向右偏去。碰到这种地形,你要站得靠球近一点,身体的重量大部分落在左脚的脚跟上,腰要弯得比较深,手握在靠近握把末端的地方,依照斜坡倾斜的程度,瞄准目标左边的地方,挥杆的时候要轻一点,因为握杆的方式使球杆变得长了,球会飞得远一些。

(二)上坡球与下坡球[①]

往上坡的方向击球时(如图4-7),杆头的原有倾角加上了斜坡的坡度,所以击出去的球比在平地上打出去的球弹道要高得多。弹道高了,飞行的距离就短。在这种情形下,要换上一支倾角小的杆子,例如8号铁杆,来抵消坡度的影响力。打上坡球时(如图4-8),身体和肩膀要尽量地顺着坡势来挥杆。身体重量要大部分放在右脚上,球的位置在中央靠前(左脚)的地方,这样就不会砍进斜坡而打不到球。

朝下坡的方向击球时,下坡的坡度抵消了倾角的角度,所以击出去的球弹道比较低,滚得比较远。这种球要用切杆或是沙杆来打,球的位置要在中央靠后(右脚)的地方,身体的重量放在左脚,身体和肩膀尽量保持与坡度平行,挥杆的时候重量仍然保持在左脚,顺着坡势来击球。

[①] 以右手球员为例,站位时左脚高右脚低称"上坡球",右脚高左脚低称"下坡球";球高人低时称"侧上坡球",球低人高时称"侧下坡球"。如是左手球员,则情况正好相反。

图 4-7 上坡球　　　　　　　图 4-8 下坡球

三、不同区域

长草区的草与球道的草相比要长很多,往往难以打出好球,所以在球进入长草区之后,首先应该考虑如何使球"逃出"长草区的问题,即首先怎样将球打上球道。

(一) 浅长草区内的短打

草叶的阻抗作用和击球瞬间球杆杆面与球之间草叶的介入,使球在飞出后的倒旋减少,从长草区中打出的球滚动距离较长,在打球之前要确认球所在位置的状况(长度、硬度、朝向性)、球的位置状态(是沉入草中还是浮在草叶上)以及球洞区及其周围的状况,如果球洞区位于较低的位置,则这种球很难打。选择球杆要用特殊铁杆——劈擎杆或沙坑用杆,这样有利于保证球的弹道高度。

站姿要采用右奔站姿,球的位置靠近站位的中央,挥杆击球以尽量将球打高些,减少其滚动距离为目的。在选择杆面倾角较大球杆的基础上,击球准备时将杆面略打开以更加增大倾角,保证弹道高度。球杆一定要用力握紧,后摆杆时动作不必过大,不像通常后摆杆时那样低而长地向球的后方引杆,而是较早地使杆头向身体的右上方运动,身体转动较少,主要依靠手臂动作挥杆。下挥杆时以手臂带动球杆向下运动,但不是像通常挥杆那样进行扫击式击球,而是采用略呈砸击式的击球方法。

整个挥杆动作小而紧凑,以臂和腕的运动带动杆头向球劈砸,将球击出。由于长草区的草长而柔韧,使用扫击式击球方法杆头受到的阻力太大,所以为了最大限度地减小击球力量的消耗,还是采用稍呈砸击式的击球方式为宜。直至将球打出为止身体都不要抬起,不要有多余的起伏动作。因为在击球准备时将杆面略打开,球的飞行方向偏右,所以在站位时要考虑到这一因素。

(二)浅长草区内的长打

在长草区内打球时,即使草不是很长,击球时与杆面之间也还是有草间隔着的,杆头要首先克服草的阻抗,然后才能击到球,所以在浅长草区进行长打时,尽管可以根据距离选择球杆,但是考虑到草的抵抗作用,应该选择杆面倾角较大的球杆,即依照距离选择较短一些的球杆。

一般人认为,在长草区中,即使是在浅长草区中打球与在球道上打球相比,由于草比较长,球杆受到的阻力大,所以难以打出正常的距离。这种观念实际上是错误的,事实上,如果在挥杆击球过程中没有意外发生的话,在相同条件下使用相同球杆从长草区中打出的球,可能要比从球道上打出的球更远些。这是因为,在打长草区中的球时,击球瞬间球杆杆面与球之间有草叶相隔,使球的后旋运动减小,从而使球在飞行过程中受到的空气阻力也相对减小,而且落地后的滚动距离也有所增加。出于上述原因,在选择球杆时,应该根据距离选择较短的球杆。

站姿,可以采用直角站姿,球的位置位于左足踵前方线稍右侧,瞄球时使球杆杆面稍微张开,人为地增大杆面的倾角,以利于减小草的抵抗力,并使球的飞行弹道升高。挥杆时,采用稍呈砸击式的挥杆,即上挥杆和下挥杆时两臂和球杆的上下运动较为显著,后摆杆动作减小,挥杆轨迹不是通常的圆形,而是椭圆形,击球时两手手腕的用力大于通常挥杆时的力量。根据草的长度和韧性,击球时球杆杆头的跟部受到来自草的阻抗最大,有时甚至会造成杆面完全打开,产生失误球,所以握杆一定要很紧,以顺畅的节奏挥杆击球。

(三)深长草区中的短打

当球陷入深长草区时,由于草的方向不同,所以球的弹道和球的滚动距离也会有所不同。这里首先应该注意球杆的选择:

① 如果在平时这样的距离用 7 号铁杆,那么陷入长草区的球应该用短两号的球杆,即 9 号铁杆来击球。理由是球在长草区,它的滚动距离会加大,后旋减少,而且杆面角度大的杆子比较容易劈草。

② 站姿稍呈右奔站姿,球位于站位的中央,即较左足踵前方线稍偏右。

③ 上挥杆时采用直挥式挥杆,必须采用砸击式打法。

④ 挥杆动作要紧凑而有节奏,击球过程短促清晰,击球后一定不要停顿,使杆头流畅地进入顺势动作。

⑤ 握杆一定要用力握紧。

(四) 深长草区中的长打

球进入长草区后,首先应该考虑的是"安全第一",也就是如何使球先从长草区中逃脱出来。出于这个原因,必须对具体的状况进行慎重的分析,将球的位置状态、草的长度、硬度及朝向性等信息输入脑中,进行综合分析,当确认确实有可能进行长打,将球打得更远时,才可以采用长打。

选择球杆,应以杆面倾角较大的球杆为主,采用右奔式站姿,球的位置在左足踵前方线稍右侧,挥杆采用直挥式,用近于直上直下的上挥杆和下挥杆进行砸击式击球,以尽量减少草对球杆杆面的阻抗作用。即使如此,由于草的阻力总是不可避免的,在击到球之前还是会对杆头和杆面的方向产生影响,所以,握杆时要较通常握得更紧,特别是左手的中指、无名指和小指要紧握球杆。

再强调一遍,如果握杆松懈,就会在下挥杆时无法抵御草的阻抗作用,造成杆面过分张开甚至球杆脱手的结果,导致击球失败或失误球,因此一定要牢记紧握球杆!

第四节 沙坑区实战技术与策略

毫无疑问,跟其他球路比起来,大部分业余球员在面对沙坑球时,都会感到恐惧与棘手。但实际上,沙坑区击球并没有想象的那么难。沙坑球失误的概率其实很低,原因之一是打沙坑球不需要直接碰到球,只要技巧非常熟练,朝着球后方 2.5~5 厘米的区间打击,结果都不至于太过离谱,其他的击球绝对没有这么高的容错性。因此,当面对沙坑球时,不用太过恐慌,只要记住用杆头将沙击出,沙的冲击力会使球飞出沙坑。沙坑将成为你的朋友,而不是敌人。

一、沙坑球的基本要领

身体对准目标左侧呈开放站姿,身体大部分重量放在左脚,双脚左右交替辗入沙中,稳固站位。球位,在双脚中间偏左,杆面打开瞄准目标。稍微握短球杆,瞄准球后方 5～8 厘米的沙子打。挥杆过程类似打高吊球,上杆时尽量早弯曲手腕,挥杆平面较陡直,下杆时以从外到内路径挥杆,将球和沙一起抛上果岭。如图 4-9 所示。

图 4-9

注意要点:

① 改变挥杆速度来改变距离。坚持练习,直到能够控制自己的挥杆速度来测定距离。

② 在球后击球时,以较大的入沙角度切入以打出短距球,而以较小的角度则会将球打得更远。更大的杆面入沙角度能让杆头插入球底并将球"托"起来。

③ 杆头应该在球后面 5～8 厘米地方入沙,太少的沙会让球转动得更加厉害。练习时可以在球后画一条线,并击在那个点上。

④ 轻轻将双脚踏入沙中,以保证身体稳定。

⑤ 运用开放式站姿(左脚后撤)以限制后挥杆幅度和加重挥杆。

⑥ 张开杆面,配合开放式站姿。如果想打出一个更高、落地更柔和的球,那就将杆面张开多一点。

⑦ 在通过击球点的时候保持手腕固定,在此之前不要放松双手。

⑧ 做一个充分的"U"型挥杆。

二、长距离沙坑球

沙坑距离球洞区远,且沙坑的前缘很高,加上球位于沙面上,确实难以对付。选好球杆,是长距离沙坑球的战术之一。首先,要确保球有足够的起飞角以越过沙坑的前缘,否则,即使质量再高的击球,也会被沙坑缘挡回来,将造成相当大的距离的损失。

基本上与全挥杆相同,配合更稳固的下半身站姿,球位在双脚的中央,干净地将球击出。如图 4-10 所示。记住,打薄比打厚好,千万不要想用捞球的方式把球挖出沙坑。将双脚左右摇摆辗入沙中,才能确保站姿稳固。由于这会降低挥杆圆弧的最低点,需要短握球杆约 2.5 厘米以配合。

图 4-10

三、中距离沙坑球

如果遇到中距离（40~50 米）的沙坑球，应该采用哪种击球模式，这是最常见的疑问之一。这种球既不属于果岭边缘沙坑，也不是球道沙坑，所以多数球员常陷入两难的局面，会打得一团糟。

用劈起杆取代沙坑杆。站姿稍微打开，让双脚、臀部和肩膀瞄准目标的左侧，杆面也要呈开放的状态，瞄准目标或目标的右侧。比起果岭边缘沙坑，这种球不需要带起太多沙，瞄准球后方约 1 厘米的位置。因为采用开放的站姿，在通过击球区时，会形成由外而内的挥杆路径，加上杆面也是维持开放的状态，所以会产生一点侧旋。在球飞上果岭的同时，也会在空中稍微的往右移动，落点也会偏向右侧。

四、陷入沙坑内的球

球埋进沙里，也称"荷包蛋球"。此时，站姿和杆面不要开放，要让所有准备姿势保持方正，并让杆面正对旗杆。球则位于站姿中间，双手维持在杆头前方。

在起杆时就要曲腕，才能产生更陡直的挥杆平面，同时击球角度也会更陡，这一点非常重要。此外，与球位良好的沙坑球相比，这时候上杆幅度要更大，让杆头在下杆过程达到所需的速度。

把注意力集中在球后方 5~7 厘米的打击点，把杆头打进沙里，试着让杆头前缘用力下切，因为沙地所产生的阻力很大，可能要用比预期还要大的力道。这样,球的弹道会较低,并且滚得更远。如图 4-11 所示。

图 4-11

五、内上坡和下坡球位

(一)当球位处于上坡球位时

当球处于上坡球位时,虽然我们会本能地让身体往斜坡倾斜,避免重心都落在较低的那只脚上,也就是右脚,但这时应该弯曲膝盖让重心更稳定,才能作为挥杆动作的基础。在做好重心调整之后,要让肩膀尽量和斜坡平行,就跟在平坦之处的球位一样。这种准备姿势,能以理想的击球角度挥动杆头通过沙地。挥杆让杆头加速穿过沙子并在较高位置收杆。这样击出的球会高飞且很快停住,因此要瞄着旗杆的顶端大胆一点击球。如图 4-12 所示。

图 4-12

（二）当球位处于下坡球位时

当球位处于下坡球位时，可做好击球准备，把身体大部分重量挡在较低的那只脚（左脚）上，加宽站姿。如同上坡球位，尽量使肩膀几乎与坡度平行，球偏向站姿后方。挥杆时减少下半身动作，曲腕动作要提早，并以相当陡直的角度顺着斜坡挥出，击中球后方的沙地。注意，这种球会低飞且滚动较多。

六、沙坑内球位高于或低于脚位

（一）当球位高于脚位时

当球位高于球位时，可采用方正的站姿，让杆面稍微瞄准目标右侧，因为在这种情况下，球会往瞄准方向的左侧飞出。握短球杆，让右手几乎要碰到杆身的金属（或碳纤）部分。挥杆跟平常相比，要以更内侧的路径上杆，让球杆向后的幅度更大。如图4-13所示。

图 4-13

（二）当球位低于脚位时

当球位低于脚位时，因为双臂必须往下伸才能够到球，因此握杆也要稍微调整，让左手移到握把顶端。处理这种球的关键，在于让身体维持稳固，要把双脚的距离加宽，同时上半身也跟着降低，使你更容易接近球，而无须刻意往前倾。挥杆时只用双手和手臂往后上杆，并且更早地曲腕，让球杆以更陡直的角度往上移动。击球后,球会向瞄准位置的右侧飞。如图 4-14 所示。

图 4-14

第五节　果岭及果岭邻区实战技术与策略

一、短打技术

短打高手们一般都有三个共同点:善于研读果岭、把握球开始滚动的路线和控制距离。在总杆数中有 40% 是推击,而推击中有半数是短推。当推击距离由 0.6 厘米增加到 3 厘米,各种水平球员的推击进洞比率都会迅速下降。

(一) 切推球

推击距离越远,越有可能打短,因为此时自然会更关注准确性而不是力量。要克服这种习惯,练习者可以在推击时增加一个切击的动作,击球时想着"用推杆做切击"。面对超远距离推击时,身体抬高一点,这样便于判断距离,推击时的身体动作与用 5 号铁杆做切击时相同。如图 4-15 所示。

利用劈起击,使球靠近洞边是降低杆数的关键,因为推击距离比推击技术更加重要。距离越近,成功率越高。

现在的球场,果岭速度越来越快,果岭越来越起伏不平,洞杯总是打在果岭上的狭小区域。利用劈起击

图 4-15

使球靠近洞边,已经成为一项真正的挑战。这正是短打练习的一个重要主题。练习时记住以下建议:练习产生的影响是永久的;错误的练习方法,造就的是糟糕的球员;采用正确的练习方法,随时反省自己哪里做得对,哪里做得不对,你才能够稳步提高击球技术。

(二)劈起球

在风中打球时,需要学习如何使球低飞,尽量减少倒旋,利用撞击滚地球攻上果岭。撞击滚地球,能够使球保持在风的下方,减少风的影响。即使在没有风的时候,如果果岭坚硬、速度快,打出撞击滚地球也要比使球直飞球洞附近更有利。这是一项值得掌握的技术。

做劈起击时,应使球位对准双脚踝部(而不是脚尖)连线的正中。下杆时,在这个点(球位)上方,杆头开始接触草叶。在这个点前方5厘米(2英寸)处,杆头到达挥杆弧最低点。如图4-16所示。

图 4-16

1. 特殊铁杆击球

如果面对的击球距离,小于一支特殊铁杆全挥杆的击球距离,那就正式进入短打的情况了。常见错误是,做全挥杆的上杆,然后在下杆时减速,试图减小击球力量,缩短击球距离。要精确控制击球距离,最好的办法就是使顺势动作不变,调整上杆幅度。

2. 幅度与距离

许多测试与研究证明,控制特殊铁杆击球距离最好的方法,就是调整上杆幅度。如果挥杆速度不变,做全挥杆的顺势动作,则上杆幅度越小,击球距离越近。

这可以用口诀概括为:近距离击球,小幅度上杆;远距离击球,大幅度上杆。想象你的左臂是钟面上的时针,以头部为12:00方向。如果挥杆速度和顺势动作幅度不变,当你的上杆幅度由7:30到9:00、10:30时,击球距离也依次增加。

这种距离控制系统,能够预防短打中最大的错误:减速。而且,它对于你使用的每一支特殊铁杆,都会创造三个可重复的击球距离。

二、推杆技术

推杆,虽然不是高尔夫的全部,却是高尔夫运动中的一个主要组成部分。很大程度上,推杆更是一种直觉,一种手感,一种神经的控制力。大多数球员都或多或少地被推杆问题所困扰。失误大多不是因为方向,更多的是由于不正确的距离导致增加了无谓的杆数。

好的推杆球员拥有良好的技术:方法等于方向;手感等于距离;阅读果岭的能力等于推杆线。可以尝试用下面五个简单的步骤来培养完美的推球技巧。如图4-17所示。

图 4-17

(一)姿势

取好姿势,保证你的眼睛在预想中球的滚动线上方。轻松地握住你的球杆,让它刚好在你的眼睛下面,当你瞄球的时候,让它随着重力自然垂下。现在,确定当你往下看的时候,你的球杆刚好挡住了球。如果没有,向前或向后移动一点,直至你不能看到球。球的位置应该稍微靠前(向着左脚)。双手也要稍向前压,齐向目标推送,带动推杆。让球杆和左手前臂成一条直线。这个姿势,能够让你的球离开杆头面后有一个良好的滚动。

(二) 握杆

两个手应该协调一致,而不应该分成独立的两部分。你双手离得越开,你就越会渴望使用手腕的力量,这是错误的(用推杆推球是由双肩和两臂带动的)。使用正常的握法就可以了。每只手都用三个手指握杆,其他的手指只是顺势靠在上面。使用相对较轻的握杆压力(如果以 1~10 来分级的话,用等级 5 的力度就够了),这能让你找到好的感觉。

(三) 目标

找准一个目标,然后想象一条从杆头中心出发的直线。不必太拘泥于两脚形成的那条线,但要确定你的杆头面是直指目标的,这也是你击球时需要遵循的线。头不要偏,不然你的视点会变歪。

(四) 击球

推杆击球,应该用双肩和两臂来控制,尽可能做到不利用手腕力量。尽量减少身体的移动,努力做到不移动重心,或者转动臀部。换句话说,忘掉在一个全挥杆过程中身体所需要遵循的原则。

(五) 杆头速度

成功的推球,都应该有一个向后挥杆(上挥杆)动作,以形成一个足够长的弧度,来增加杆头速度,并帮助你控制距离。一个最常见的错误是,老早就抓住球杆,向下挥杆击球后停止在球的位置,过早地将球击出。记住,要顺着球"推"出去,而不是"撞击"它。

第六节 不同气候条件下的实战技术与策略

全天候的运动,是高尔夫球运动的一大特点。除非你的运气很好,住在四季如春的好地方,不然绝对有机会在坏天气进行比赛。除了风雨之外,也有可能在冬天进行比赛。打球自然会受到气候条件的影响,但利用特定的方法,适当调整策略,照样能在恶劣环境下充分发挥球技。

一、冬季

（一）推杆

"冬天线路"和"夏天线路"截然不同。在冬天,果岭不会剪得很短,所以速度会比较慢,所以要采用更扎实的击球方式。也正因为这个原因,果岭坡度变化比较小。所以,在冬季推杆必须比夏天更用力,同时球线的转折会比较小。

（二）挥杆

在冬天,尽可能用角度较大的木杆来取代长铁杆,长铁杆的容错性比较小,在地面不太理想的状态下,很难做出扎实的击球。因此,比较适合使用角度较大的木杆,这主要是因为杆头的形状和设计。大角度木杆的杆头,很容易就滑过不平整的地面,同时甜蜜点也比长铁杆大,就算稍微偏离中心,也能打出像样的一球。

（三）短杆

冬天气候寒冷,空气干燥,果岭会变得十分坚硬。短杆打上去的球很容易弹跳,不便于停球。因此,在进攻果岭时要确保球的落点不会离旗杆太近,预留出适当的距离来让球滚动。

除此之外,冬季打球还应注意以下事项:

① 做好热身运动。冬季练球前充分的热身运动极为关键,尤其注意容易受伤的背部、腰部及腕、胯、膝等各个关节处。

② 冬季练球,由于天气寒冷,球杆、球等变硬,所以冬季练球不应过于注重距离,而应在动作上多下工夫,找球感。

③ 保养球杆。最好不要把球包留在汽车后备厢里过夜,室外低温令球杆握把的橡胶变硬,不仅打球时震手,也容易老化损坏。练习场一般都提供免费存包服务。

④ 选择既保温又利落的服装。穿着太臃肿,不利于体会挥杆动作,练习一段时间就会出汗,反而容易着凉生病。

二、雨季

雨季打球,对于很多高尔夫爱好者们来说,是一件非常有挑战性的事情。下雨往往会带来很多意想不到的麻烦,最让球员郁闷的是,球技发挥往往不正常,达不到原来的水平。这是因为,雨天决定了打球速度的快慢,并影响击球的准确性,就连平时的弹跳距离都难以掌握,如果球不幸进了沙坑,沙的含水量,也成了重要的判断障碍。

而且,如果降雨量大,可能还会对相当一部分本来打得很好的球员形成相当大的障碍。这主要体现在:首先,发球不够精确的话,球可能会掉到茂密的长草区;其次,轮廓鲜明的果岭一旦被雨水浸透,可能就会严重影响球的速度。一般来说,大力球员在雨天会略占优势,因为大家都难免会出错,但如果距离上占了优势,机会也就多些。

然而,雨天打球也是有窍门可循的。第一,把球梯提高,并且瞄球时让球杆杆头和球的距离稍稍拉远一些。这样可以防止当球杆杆头和球的距离过近时杆头打到球的下方,而导致球飞得过高。第二,用劈起杆增加球的滚动距离。因为下雨天果岭被淋湿后摩擦力会减少,所以球落在果岭上以后,滚动的距离会比平时短,因此用劈起球或者是高切球能弥补这一缺陷。第三,用短铁杆。雨天打球最大的损失是距离上的损失,所以这时选用长铁杆对于力气不够大的人来说,还不如用短铁杆,因为长铁杆不容易打出高球。当然,还有很重要的一点是,要勤快,要经常擦拭球杆和手套,以避免挥杆时受雨水的影响造成滑动。如果手套和球杆被雨淋湿了,为了挥杆不滑动,紧握球杆或不自觉用力过大,失误便会增多。另外,下雨的时候一般总是伴着风,风力和风向时有变化,不过,无论遇到的是什么风,最重要的是稳定击球,把球打得低一些。

三、大风季候

打高尔夫球会遇到各种各样的天气情况,其中大风天气则是对球手技术的重大考验。

(一)在侧风中打球

侧风是最难对付的情形。它会形成阻力,大大减少飞行距离。但如果削球或者曲线击球,它又会增大击球效果。因此,利用这些风成为球员的优势是非常重要的。如果想让球轻轻落地,例如落在果岭上,应尽量在侧风中打曲线球。如果想要打得远一些,或者想要球滚动着着陆,应顺着风向打出曲线球。大体上讲,就是将球打得低一点。低打可以用于许多情况,但在风中尤其有益。关键的一点是不要用全速挥杆,并将手保持在球的前方。许多低打球在向前挥杆时位置较低,但这仅仅完成了一半,手腕没有完全放松,有的干脆就像在平常的击球中一样,没有形成弧度。

（二）在逆风中打球

尽管在逆风中打球需要一些特殊的窍门，但这并非是过不去的鬼门关。球员要记住如下这一最基本的原则：在风中，即便实现了完美触球，高飞球也会像气球一样飘荡。在逆风中击球可试着掌握如下三个小窍门。

1. 用短铁杆和特殊铁杆打低飞球

站位时，球位应该比平常后移8厘米左右，双手稍微向前按，这样能在挥杆的最初就减小杆面倾角。重心偏向前脚，上杆直至与胸部同高，下杆时想着要在触球时回复到双手在前的位置，减小顺势动作的幅度，打出低飞球。

2. 用较长的球杆击出远距离球

如果选用较长的球杆，比如球道木杆和铁木杆，需要的是扫击。因此，不能通过将球位后移的方法来打出低飞球。此时，站位应与以往相同，在触球前后想象你正在用右掌擦抹桌子。使右掌朝向下方有助于使你的手腕保持上翘以及扣杆。为防止打出左曲球，通过击打区时应使双手处于杆头前方，想着要将右肩转向目标。

3. 放松挥杆

逆风击球的最重要因素是：在风中，挥杆要放松。挥杆过于用力会增加倒旋，而打出高飞球。所以，猛击并不适用于低飞球，柔和的下杆更容易控制球的飞行。选择长两三号的球杆，以低于70%的力量挥杆。这样能够加强对球杆的控制，帮助你放松地挥杆。

（三）在顺风中打球

在顺风中打球，自我感觉是非常好的。即使使用较小的球杆，也能指望球飞行滚动得更远。顺风同样能够使球员的击球更直，甚至在没打中的时候。如果距离和射程就是你的目标的话，在正常站位前面打球，能将球击得更高一些；而在正常站位后面击球，会稍稍容易控制些。但记住，要为更长距离的滚动作打算。

不管是什么样的风，最重要的是稳定地击球。打好的球要比侧旋的坏球不容易受到影响。风中的旋球会被加大，因此一定要小心。

【小贴士】

注意以下几点，你的成绩会有所提高：

1. 定目标：你到底想成为怎样水平的球手

破百、单差，进入80杆范围，不管怎样，你都需要为每年定下一个目标。

这个目标要符合实际,从自身的水平和打球目的出发。没有目标就没有奋斗方向。但定下目标也不意味只专注结果而忽视过程。对于业余球手而言,乐趣还是应该放在打球的第一位。千万不要因为设定了目标就给自己不必要的压力。

2. 在短杆和推杆上花更多的时间

短杆和推杆对于一场球的重要性,无需多说。在每年的练球时间中,要确保有一半的时间用在这两类挥杆上。短杆和推杆练习有一个优势,就是不一定受场地条件制约,一些基本的练习在家或者办公室都可以进行。

3. 不要太执着于技巧

要学会让挥杆从技巧层面进入到潜意识层面。在练习和实战时,将更多的注意力放在身体的感受上,而不要只关注一些分散的技术要领。在挥杆时,大脑只负责分析现场状况,而不是直接给身体指令。挥杆在潜意识的驱动下运作,就如同条件反射一般。这种状态才是高尔夫击球的最佳状态。

4. 为每一次击球设定精确目标

不为每一次挥杆设定精确目标是大部分初学者的通病。无论是练习场还是实战,很多人都只会在乎击球的弹道、距离、方向,至于最终的目标,却只会给出一个大约的范围。这一杆要攻岭,只要上了果岭就行,而不管球落在果岭的哪一个方位。这种随意的态度,会阻碍球技的进步。可以从一些相对较大的目标,逐渐缩小范围,提升击球的精度。

5. 合理运用练习时间

一个有时间进行周期练球的球手,要善用自己的时间,为练球制订专门的计划。本来业余球手的练球时间就不多,如果低效甚至无效地进行练习,还不如不练。一个好的训练计划应该分为巩固、改良和提升三个部分。而就不同挥杆类型的分配时间而言,短杆和推杆应该占到一半以上时间。

6. 建立自己的挥杆准备习惯

事实上,确定一个击球质量的关键时刻不在挥杆过程,而在于挥杆启动前的准备阶段。大家都可能有过这样一种感受:在上杆时,你就知道这一杆的好坏。满怀信心、心无杂念地启动挥杆和充满疑虑、瞻前顾后地上杆,最终的结果绝对是天壤之别。如何做到心态平稳、放松地应对每一次挥杆呢?你必须建立一套自己的挥杆准备习惯。从瞄准、试挥到建立站姿、瞄球、启动,每一个环节如何做,花多少时间做,都要有固定的流程、稳定的节奏。养成一套舒适的准备习惯,能最很好地提升挥杆的稳定性和节奏感。

【本章小结】

　　世界上没有两个完全相同的球场，也没有完全相同的球洞。即使在同一个球场内，各洞的难易度也有所不同。所以，球员应采取正确的技术，合理运用适当的策略，充分发挥自己的优势，扬长避短，这是提高成绩的重要因素。

【思考与练习】

　　1. 在发球区针对不同的球路，如何采取架球的方式？
　　2. 在什么情况下打低平球？
　　3. 简述球洞区短距离沙坑球的打法。
　　4. 在逆风情况下，应采用什么策略？

第五章 高尔夫运动专项能力训练

本章导读

本章主要通过高尔夫专项能力训练,加强和提升球员技术的综合能力与水平。高尔夫运动是技术性非常强的一项运动,一个简单的挥杆动作有着很多的讲究。当高尔夫挥杆技术动作娴熟到一定程度时,身体素质对高尔夫技术就有着举足轻重的影响。

教学目标

本章通过专项能力的训练,在知识目标方面,理顺学员专项技能练习的理论思路;改善学员的专项技能的练习方法;增强基本体能训练的基本知识。

第一节 高尔夫运动专项体能训练

一、高尔夫运动员体能训练概述

(一)体能训练概述

体能是以人体三大供能系统为能量代谢活动的基础,通过骨骼肌的做功所表现出来的运动能力。体能是运动员的基本运动能力,是运动员竞技能力的重要构成因素。体能训练,顾名思义,是对人体的组织、器官、躯干等部分进行调节性或者单项化的练习。

体能训练的直接任务,就是根据各个项目竞赛的需要,提高运动员的运动素质,改善运动员的机能状况,使运动员的身体形态适合特定运动项目的要求,确保运动员体能状况能适应比赛中的战术活动的进行与技术水准的发挥;同时,保障运动员在训练过程中能够掌握新的技战术,并将已经获得的技能在运动竞赛中充分发挥出来。

运动员体能的发展受着多种因素的影响。先天的体能是通过遗传而获得;后天的体能,则主要是经过有效的体能训练而得到。在适宜的地理环境和良好的社会环境中,也可以促进体能的发展。

运动员体能水平的高低,是通过速度、力量、耐力、协调、灵敏和柔韧等运动素质表现出来的。人体在运动时的能量供应,是通过三大能量代谢系统的供能和神经、骨骼、肌肉等系统的协调工作来实现的。训练、比赛所需要的速度、力量、耐力、协调、灵敏和柔韧等素质,是需要通过改善运动员的能量代谢、神经、肌肉、骨骼等系统的功能,并使之符合项目的需求来实现的。任何一个运动项目对能量代谢、神经、肌肉、骨骼等系统的功能,都有着特殊的要求;而且,人体作为一个复杂的系统,在能量代谢方面,任何一个运动项目均不可能单纯依靠某个能量代谢系统的工作来完成能量的供应,而是要由三大能量代谢系统的相互协调,共同完成能量的供应的。因此,体能训练首先要了解运动员在比赛中的活动方式,并据此设计如何提高运动员项目的能量代谢能力、改善运动员的神经、骨骼、肌肉等系统功能。

(二)体能训练的意义

体能训练是运动训练的重要组成部分。不同项目的运动员,在运动训练过程中,都力求运用各种有效的训练手段和方法,塑造身体形态,提高技能水平,改善运动素质,提高运动成绩。体能训练与技术训练、战术训练、心理训练和智能训练有着密切的关系。

良好的体能是技战术训练和提高运动成绩的基础;是承受大负荷训练和高强度比赛的前提条件;是在训练和比赛中保持稳定、良好的心理状态的保证;是增进健康,预防伤病,延长运动寿命的基本保障。

高尔夫是一项体育运动,既然是运动就一定要有体能训练。进行系统的、科学的、有计划的体能训练可以对高尔夫球手形成良好的促进作用,有利于球手能力的提升,让球手的技术充分发挥出作用。

高尔夫挥杆是一项相对较快的运动,需要较好的肌肉协调。跟任何其他运动一样,打第一杆球之前就要做好充分的热身,而很多高尔夫球手往往忽视这个环节。充分的热身不仅能让身体做好运动的准备,更能预防损伤的发生。

一场高水平的高尔夫比赛需要很优秀的肌肉协调性、控制力和耐力。很多人往往由于某些身体素质的限制,使得技术无法发挥得淋漓尽致,提高成绩困难重重。对于某些高尔夫选手,其身体条件更可能最终成为决定其成绩的关键因素。有研究表明,核心力量训练、协调性、核心稳定性、力量、速度、耐力及柔韧性等身体基础练习,可以帮球手提高20%~30%的运动成绩。

高尔夫球手应该对自己的体能强项和弱项有所了解,因为你的身体素质决定了你可以怎么做和应该怎么做,单凭技术提高水平会有很多局限性。可以请高尔夫教练员对你的体能做出评估。评估的数据仁者见仁,智者见智,但是可以看出你的优势和劣势分别是什么情况,以便后期进行针对性的训练。

(三)体能训练和专项体能训练

1. 合理地安排一般体能训练和专项体能训练

进行一般体能训练可全面发展运动员的一般运动素质,提高运动员各个器官系统的机能,使运动员身体各个部位得到均衡发展,为提高专项运动所需要的体能打下基础。

合理安排专项体能训练要从实际出发,训练手段应力求与专项技术动作和生物力学特征相似。

2. 体能训练应与技术、战术、心理和智能训练有机结合

需根据项目,训练阶段,训练任务的不同,妥善安排体能训练在整个训练过程中所占的比重。一般体能训练和专项训练的比例,要因时、因项、因人而异。

3. 体能训练的主要内容是运动素质的训练

各种运动素质都有一个快速增长期,可塑性也不一样。训练时,应根据各运动素质的敏感期抓住有利时机,使相关素质适时得到相应发展。

4. 意志品质训练

在体能训练中,运动员常常会感到非常疲劳,有些体能训练的手段又比较枯燥;因此,在训练中,应提高运动员对身体训练的重要意义的认识,培养他们的意志品质。教练员应采用有效的训练手段和方法,培养运动员的兴趣,减少运动员对训练的枯燥感和无味感。

(四)身体形态及其训练

1. 身体形态

身体形态是指人体外部与内部的形状特征。反映外部形态特征的指标有:高度(身高、坐高、足弓高等),长度(腿长、臂长、手长、颈长、足长等),围度

(胸围、臂围、腿围、腰围、臀围等)、宽度(肩宽、髋宽等)和充实度(体重、皮质厚度等)等。

反映内部形态的指标有:心脏纵横经、肌肉的形状与横断面等。

2. 身体形态的训练方法

身体训练的各种方法对身体形态都有意义,可根据需要运用相应的训练方法。许多专项训练手段对使身体形态向专项需要方向发展都有作用,几乎所有运动项目运动员身体形态的训练,都是通过专项训练方法手段实现的。

(1)手持轻器械训练法

手持哑铃、木棒、实心球、体操凳等轻器械进行训练,通过不同的训练内容与运动方式,可训练身体的不同部位,有效改变运动员的身体形态。

(2)舞蹈训练法

舞蹈动作是经过提炼、组织加工的人体动作,其基本要素有动作的姿态、协调能力、节奏等,对身体形态的形成有特殊意义。

(3)饮食训练法

饮食会影响运动员外部形态,因而身体形态的练习不要只从训练的角度进行,应该结合饮食、气候等因素进行练习。

二、高尔夫运动员的各项体能素质训练

(一)高尔夫运动员力量素质及其训练

1. 力量素质的概述

力量素质是指人体肌肉工作时克服阻力的能力。人体运动时,会受到身体重力、空气水的阻力以及重物负荷、竞技对手的对抗等各种外力。这就需要依靠人体的肌肉收缩产生力量,克服各种阻力,完成预定的体育活动。

力量对于高尔夫球手来讲有着极其重要的作用。它不仅是运动员速度、反应、灵敏、耐力、平衡、体位感和柔韧等全面身体素质的基础,还是其学习、心理自信、掌握专项技术的必要条件,有时还是改进技术的关键环节。对于那些已经较好地掌握了这一专项技术的球手来说,力量的增长是提高其运动技术水平和专项成绩的"对症良药";而对于初学者来说,由于其素质、体能和技术等方面不及专业运动员,所以更应重视自身力量训练的合理安排,加强对力量练习时可能发生的运动损伤的预防,并及时治疗已经造成的创伤,避免伤害进一步加重。

2. 力量素质训练方法

(1) 上肢力量训练方法

① 俯卧撑

俯卧,身体伸直,用两脚尖和两手支撑,在其他部位不触地的情况下,双臂每屈伸一次算一次俯卧撑。要求屈臂时胸部几乎触地,伸臂时肘关节完全伸直。两手亦可握拳或十指撑地,以增加练习难度。训练时每组15~30次,共做5组,每组间歇3分钟。

② 杠铃屈臂

两脚左、右开立,两手反握杠铃与肩同宽,两臂自然伸直,杠铃静置大腿前,以肘关节为轴做两臂的屈臂动作,到两肘完全屈收,杠铃横置锁骨部位,再放松伸臂至大腿前。每重复一次上述动作计数1次。重量15~20公斤,每组10次,共做5组,每组间歇5分钟。

③ 卧推杠铃

仰卧在长凳上,两臂伸直与肩同宽,双手放松屈肘,杠铃推至胸前但不能接触胸部,然后双臂用力上举,至伸直位置。每使杠铃下上推举一次计数一次。重量为本人卧推最大重量的70%,每组10次,共做3~5组,每组间歇3分钟。

(2) 下肢力量训练方法

① 半蹲:6组×20,重量为体重的70%;
② 负重跳换步:6组×30,重量为25~50公斤;
③ 负重登台阶:6组×30,重量为25~50公斤;
④ 负重高抬腿:6组×30,重量为20~35公斤。

(3) 综合力量训练方法

① 立卧撑跳

身体向前,两脚尖和双手支撑身体,做一次俯卧撑;然后,屈髋收腹,两脚收于两手中间位置,同时蹬地起跳,身体腾空。反复进行,每15~30次一组,做3~5组,每组间歇3分钟。

② 收腹跳

身体直立,两脚同时蹬地原地起跳,身体腾空;随蹬地两脚迅速屈膝上提,两手由两侧抱紧双膝,随放即落。反复进行,每15~30次一组,做3~5组,每组间歇2~3分钟。

③ 原地提膝

身体直立,一脚蹬地后迅速屈膝上提,提到最高位置放松落下,另一条腿同样上提。交替进行,每50~80次一组,做5~6组,每组间歇3~4分钟。

④ 立多级跳

从直立开始,一脚蹬地起跳,另一脚前跨。反复进行。

3. 力量素质训练要求及注意事项

① 根据自己的力量基础以及学习掌握具体技术的需要安排训练,应使机体局部力量和整体力量训练、大肌肉群力量和小肌肉群力量训练结合起来进行。

② 科学地安排和调整运动负荷。例如,绝对力量的训练需要采用强度大、重复次数少的练习法;对速度力量的训练要求练习者在最短的时间内发挥出最大的力量,可采用中等重量、快速、较多次数的练习法。对耐力力量的训练则宜采用负荷强度小、重复次数多的练习法。(注:要注重发展速度力量和耐力力量。)

③ 进行力量训练时,要与其他性质的练习交替进行,以防止肌肉僵化,提高肌肉弹性,可结合如下几个训练项目进行交替练习。

项目一:半蹲跳

a. 开始时,半蹲至1/4的位置,双手放置于前;

b. 向上跳离地面20~25厘米(若觉得容易的话,可增跳至25~30厘米);在空中时双手需放在后面,着地时,完成一次。

项目二:提踵

a. 找个梯级或一本书来垫脚,然后只把脚尖放在上面,脚跟不得着地或垫着;

b. 脚尖抬到最高点;

c. 再慢慢放下,完成一次;双脚完成,完成一个组。

项目三:纵跳

a. 双脚放直,与肩同宽,"锁紧"膝盖;

b. 只用小腿起跳,只能弯曲脚踝,膝盖尽可能不弯曲;

c. 落地后再迅速起跳,完成一次(这一项很难,可以用上肢辅助起跳)。

项目四:脚尖跳

a. 将脚尖抬到最高点;

b. 用脚尖快速起跳,跳时不得超过1.5厘米或2.5厘米。

项目五:蹲跳

a. 站立,怀抱篮球于胸前;

b. 蹲下(半蹲),看前方,背直,抬起脚尖,大腿需保持90度;

c. 跳起至8~13厘米,一定要保持步骤2的姿势;

d. 着地,完成一次;

e. 如果要跳15次的话，1~14次需跳于8~13厘米，第15次时，需尽全力跳高。

④结合比赛调整力量的训练。比赛是对训练效果的最好检验，又是促进训练进步的强大动力。力量训练中的问题，在比赛中，尤其是重大比赛中，可以得到充分暴露，这也是青年运动员重视力量训练的最好时机。但是，赛前力量训练的强度和密度都需要调整，离赛期稍远，力量训练的比重可大些；离赛期近，力量训练的比重则应适量减少。

⑤紧密结合专项，进行力量的训练。力量训练不能脱离专项的要求，因此，要紧密结合专项，并选择合适的力量训练手段，有时甚至可以模仿本专项的部分要求把动作分解后再练。如腿力不好的高尔夫运动员可重点练腿力，核心力量不好的运动员则应增强腰腹部力量的训练，挥杆力量不大的运动员可以选择负重挥杆，而不能完全套用纯力量训练的方法。都要重视腰背力量的训练，但同时还应针对影响专项成绩的关键力量（如高尔夫运动员的脊柱力量、核心力量、腿部平衡力量等）、本项目最容易受伤的身体部位（如腰、膝、肩和手腕等），以及运动员专项力量的薄弱环节进行重点训练，只有这样，才能在高尔夫项目中取得好成绩。

⑥要重视做好准备活动和放松整理活动。在训练前，要做好准备活动，对于重点部位要格外重视；训练后还要认真进行放松整理，尤其是对腰部、背部、颈部肌肉的放松。这些措施都必须长期坚持，并持之以恒，切不可掉以轻心。

（二）高尔夫运动员速度素质及其训练

1. 速度素质的概述

速度素质是指人体快速运动的能力，也指人体或人体某一部分快速移动，快速完成动作和快速做出运动反应的能力。它是人体重要的运动素质之一，对于运动员整体竞技能力的提高有着重要意义。在运动中，速度素质具体表现为人体快速完成动作的能力、对外界信号快速反应的能力和快速位移的能力。

2. 速度素质的类型

速度素质一般分为反应速度、动作速度、位移速度三种，而我们高尔夫中主要涉及动作速度。动作速度，是指人体完成单个或整套动作的速度，是技术动作不可缺少的要素。动作速度主要表现在人体各部位完成各种单个和成套组合的伸展、挥摆、抬转、击打、蹬伸、屈伸、踢蹬等动作的快慢，以及在单位时间里连续完成单个动作时重复次数的多少，也称动作频率。因而，动作速度又分为单个动作速度、成套动作速度及动作频率三种。

3. 速度素质训练方法

(1) 反应速度练习

① 反应性游戏

反应拍击

两人面向开立。听到开始口令后,设法拍击对方肩部,而又不被对方击中自己,在规定时间内(每次1分钟左右),拍击对手多者为胜。

反应起跳

练习者围圈面向圈内站立。圈内1~2人,站在圆心附近手持小树枝或小竹竿(竿长超过圈半径)。游戏开始,持竿者将竹竿绕过站圈人脚下画圆,竿经谁脚下即起跳,不让竿打着脚,被打即失败,进圈换持竿者。持竿者可突变画圈方向,训练站圈人反应。

猎人与野鸭

把游戏者分成"猎人"和"野鸭"两队。猎人站成一圆圈,互相间隔两臂长,猎人脚前画一大圆圈(圈的大小根据人数的多少而定)。野鸭站圈内,1~2名猎人手持排球。猎人在圈外用球掷野鸭,被击中的野鸭退出游戏,野鸭在圈内闪避来球。猎人可以用传球袭击野鸭,直至野鸭打尽。然后互换角色。规则:猎人不能进圈,不能击野鸭头部。

打伙伴组合

练习者绕圈跑,听教练员口令,喊几人组合,练习者即几人成组,不符合组合人数者即失败;失败者罚做俯卧撑、高抬腿等练习或表演节目。

追逐游戏

两人一组相距2米面向站立,由教练员规定哪队是单数哪队是双数(或其他信号),听教练员口令发出是单数还是双数(教练员叫一个数字),按事先的规定(叫到单数,单数跑或追),一队跑一队追,在15~20米距离内追上者为胜,追不上者为负。

起动追拍

两人一组前后相距2~3米慢跑,听到信号开始加速跑,后者追前者,追上并拍击其背部就停止,要求在20米内追上有效。也可在追赶时,教练员发出第二个信号,让其后转身互换追赶。

抢球游戏

用实心球围成一个圆圈,球数比练习人数少一个,游戏开始练习者绕球圈外慢跑,听到信号各人就近抢球,谁没有抢到则被淘汰,并去掉一球继续进行。每进行一轮成功者得一分,得分多者为胜。

贴膏药游戏

练习者若干人,每两人成前后站立,围成一个同心圆,所有人面向圈内,左右站立者间隔2米。两人在圈外沿圈跑动追逐,被追者可跑至前后站立的某两人的前面站立,则后面的第三者要逃跑,追者即改追这第三者,如被追上为失败。

②反应练习

听口令做对应的相反动作

听教练员叫立正,练习者做稍息动作;教练员叫向左转,练习者做向右转等。

听信号起动加速跑

慢跑中听信号后突然加速冲跑10米。反复进行。

小步跑、高抬腿跑接起动加速跑

做原地或行进间的小步跑或高抬腿跑,听到信号后突然加速冲跑10~20米。反复练习。

以上练习一般每组练习2~3次,重复2~3组,组间休息5~7分钟。

听枪声及口令起跑

蹲踞式或站立式起跑20米。组数及每组次数根据运动员水平而定,组间休息5~8分钟。

听信号变速快跑

在慢跑或其他移动中,听口令或看信号即起动快跑10~20米。练习2~3次,重复2~3组,组间休息3~5分钟。

反应突变练习

练习者听各种信号做各种滑步、上步、交叉步等移动、转身、急停、接球、上步垫球等模仿练习。

(2)动作速度

听口令、击掌或节拍器摆臂

两脚前后开立或弓箭步,根据口令或击掌或节拍器节奏,做快速前后摆臂练习20秒左右,节奏由慢至快,快慢结合。摆臂动作正确、有力。重复2~3组,间歇3~5分钟。

原地快速高抬腿或支撑高抬腿

站立或前倾支撑肋木或墙壁等,听信号后做高抬腿10~30秒,大腿抬至水平,上体不后仰。可重复练习4~6次,间歇5~7分钟。

仰卧高抬腿

仰卧两腿快速交替做高抬腿练习(动作同上),要求以大腿工作。做10~30

秒,练习次数及间歇同上。此练习也可做抗阻力练习,如拉胶皮带,将胶皮带分别固定在肋木(或树干)上和两脚踝关节处,以高抬腿拉力抗阻力,胶带固定的一端要低于垫子平面约20厘米,也可拉完胶带后再徒手练习,以提高动作速率。

悬垂高抬腿

两手握单杠成悬垂,两腿快速交替做屈膝高抬腿和下蹲伸直动作,速度越快越好。每次两腿各抬20~50次,重复2~3组,间歇3~5分钟。

快速小步跑

小步跑15~30米,两腿频率越快越好。要求以大腿工作,小腿放松,膝踝关节放松,脚落地"扒地"。重复4~6次,间歇5~7分钟。

快速小步跑转高抬腿跑

快速小步跑5~10米后,转高抬腿跑20米。小步跑要放松而快,转高抬腿跑时频率不变,只是幅度加大。重复3~5次,间歇同上。

快速小步跑转加速跑

快速小步跑10米左右转入加速跑。加速跑时频率节奏不能下降,跑出20~30米放松。重复次数及间歇同上。

高抬腿跑转加速跑

快速高抬腿跑10米左右转加速跑,频率节奏及前摆腿的高度不能下降。重复次数及间歇同上。

变速高抬腿跑

行进间高抬腿跑中突然做几次最快速的高抬腿练习。动作要协调,重复4~6次,间歇5分钟左右。

(3) 位移速度

小步跑转加速跑

行进间快频率小步跑,听到信号后转加速跑20~30米。要求起动快,在高速下完成练习。每组2~3次,重复2~3组,间歇5~7分钟。

高抬腿跑转加速跑

行进间快频率高抬腿跑,听信号后转加速跑,要求高抬腿,动作规范,频率逐渐加快,加速跑时频率不变。每组2~3次,重复2~3组,间歇5~7分钟。

快速后蹬跑

慢跑5~7步后,做行进间快速后蹬跑20~30米。要求蹬摆协调,后蹬充分向前。每组练习3~4次,重复2~3组,间歇7~10分钟。

后蹬跑变加速跑

行进间后蹬跑20米,听信号后变加速跑20~30米。要求后蹬动作规范,用力方向向前,加速跑速度越快越好。重复2~3次为一组,重复2~3组,间歇7~10分钟。

单足跳变加速跑

开始做10~15米单足跳,听信号后变加速跑20~30米。要求以左右脚各做一次练习后变换,加速跑要达到最快速度。每组2~4次,重复2~3组,间歇5~7分钟。

交叉步接加速跑

先做5米交叉步跑,然后转体做加速跑20米。要求交叉步符合技术规格,动作协调,加速跑要发挥速度。每组2~3次,重复2~3组,间歇5~7分钟。

(三)高尔夫运动员耐力素质及其训练

1. 耐力素质概述

耐力素质是指人体在较长的时间内,保持特定强度负荷或动作质量的能力,是人体基本的运动素质之一。耐力素质对人的生活能力及运动能力均有重要的影响。人体耐力素质的提高,总是伴随着心血管系统功能的提高,以及有氧代谢能力的改善,同时,还表现为人体的骨骼肌和关节韧带等运动装置能够承受更长时间的负荷,以及在心理上对克服长时间工作所产生的疲劳,亦有较为充分的准备。

2. 耐力素质的分类

按不同的分类标准,可为耐力素质建立不同的分类体系:

① 根据运动中氧代谢的特征,可分为有氧耐力、无氧耐力及有氧无氧混合耐力;

② 根据肌肉工作的力学特征,可分为静力性耐力和动力性耐力;

③ 根据竞赛及体育活动持续的时间,可分为短时间耐力(短于2分钟)、中等时间耐力(2~8分钟)和长时间耐力(8分钟以上);

④ 根据耐力素质对竞技能力的作用,可分为一般耐力与专项耐力;

⑤ 根据器官系统的功能,可分为肌肉耐力、心血管耐力;

⑥ 根据参加主要工作的肌群数,可分为局部耐力、全身耐力。

总体上,我们可以划分为一般耐力和专项耐力。一般耐力是运动员有机体各器官系统机能的综合,是在不同项目表现出专项耐力的基础,其包括以下特征:工作持续时间长,不间断,大肌肉群参加工作,运动强度相对不大,心血管系统的功能与活动形式与时间相适应;而专项耐力是长时间持续地或者多项重复地完成专项运动的能力。专项耐力的主要特征是,突出体现专项特点,满足专项运动的需求。如短跑项目,需要保持较长时间快速跑的专项耐力;举重与体操项目,则需要保持较长时间发挥力量能力的专项耐力。

3. 耐力素质训练方法

(1)有氧耐力素质训练

<u>1 分钟立卧撑</u>

由直立姿势开始,下蹲两手撑地,伸直腿成俯撑,然后收腿成蹲撑,再还原成直立。每次做 1 分钟,4~6 组,间歇 5 分钟,强度为 50%~55%。要求动作规范,必须站起来才算完成一次练习。也可以穿上沙背心做该练习。或做立卧撑接蹲跳起,则强度稍大,做 30 次为一组,间歇 10 分钟。

<u>重复爬坡跑</u>

在 15 度的斜坡道或 15 度~20 度的山坡上进行上坡跑,重复 5 次或更多些,跑距 250 米或更多些,间歇 3~5 分钟。强度为 60%~70%。也可根据训练目的决定强度,可以心率控制运动强度,也可穿沙背心进行。

<u>连续半蹲跑</u>

成半蹲姿势(大小腿成 100 度角左右),向前跑进 50~70 米,重复 5~7 次,每组间歇 3~5 分钟,强度为 60%~65%,不规定速度,走回来时尽量放松,在进行下次练习前,可做 15 秒贴墙手倒立。

<u>连续跑台阶</u>

在每级高 20 厘米的楼梯或每级高 50 厘米的看台上,连续跑 30~50 步,如跑 20 厘米高的楼梯,每步跳 2 级。重复 6 次,每次间歇 5 分钟,强度 55%~65%。要求动作不能间断,但不能规定时间,向下走尽量放松,心率恢复到 100 次/分钟时可开始下一次练习,也可穿沙背心做该练习。

<u>沙滩跑</u>

在沙滩上做快慢交替自由跑,每组 500~1000 米,也可穿沙背心跑,速度变化和要求可因人制宜,做 4~6 组,间歇 10 分钟,强度为 50%~55%。

<u>逆风跑或负重耐力跑</u>

遇大风天气(风力不超过五级)可在场地或公路上做持续长距离逆风跑,也可做 1000 米以上的重复跑,重复次数 4~6 次,间歇 5 分钟,强度 55%~60%。可穿沙背心进行负重耐力跑,要求与间歇同前所述。

<u>原地间歇高抬腿跑</u>

原地或前支撑做高抬腿跑练习。每组 100~150 次,6~8 组,每组间歇 2~4 分钟,强度为 55%~60%,要求动作规范,不要求时间,但动作要不间断地完成,也可负重做练习,但每组练习次数及组数可适当减少。

原地间歇车轮跑

原地做车轮跑,每组 50～70 次,6～8 组,间歇 2～4 分钟,强度为 50%～60%,也可扶墙借助支撑物完成。

(2) 无氧耐力练习

原地间歇高抬腿跑

原地做快速高抬腿练习。如发展非乳酸性无氧耐力,则可做每组 5 秒、10 秒、30 秒钟快速高抬腿练习,做 6～8 组,间歇 2～3 分钟,强度为 90%～95%,要求越快越好。为发展乳酸性无氧耐力,则可做 1 分钟练习,或 100～150 次为一组,6～8 组,每组间歇 2～4 分钟,强度为 80%,要求动作规范。也可前支撑做高抬腿跑练习。

高抬腿跑转加速跑

行进间高抬腿跑 20 米左右转加速跑 80 米,重复 5～8 次,间歇 2～4 分钟,强度为 80%～85%。

原地或行进间间歇车轮跑

原地或行进间做车轮跑,每组 50～70 次,6～8 组,间歇 2～4 分钟,强度为 75%～80%。

间歇后蹬跑

行进间做后蹬跑,每组 30～40 次或 60～80 米,重复 6～8 次,间歇 2～3 分钟,强度为 80%。

反复起跑

蹲踞式或站立式起跑 30～60 米,每组 3～4 次,重复 3～4 组,每次间歇 1 分钟,每组间歇 3 分钟。

(四) 柔韧素质训练及其训练

1. 柔韧素质概述

柔韧素质,是指人体各个关节的活动幅度以及肌肉、肌腱和韧带等软组织的伸展能力。人们通常把柔韧素质简称为柔韧性。但不能把柔韧性和柔软性混为一谈,虽然两者都可用身体各个关节的活动幅度来衡量,可是它们在实质上是有区别的:从字义上讲,柔韧是既柔和又有韧性,即柔中有刚,刚柔并济;而柔软是柔而不硬,或者说柔中无刚。从性能上看,韧是在幅度中还含有速度和力量的因素,即在做大幅度动作时,肌肉仍能快速有力收缩像钢丝一样,既能弯曲又能迅速伸直;而柔软是幅度大,却缺乏速度和力量,做动作时软绵绵的,打得开却收不拢。体育运动中,需要的是柔韧性而不是柔软性。

柔韧性对于高尔夫挥杆来说十分重要。高尔夫挥杆的柔韧性训练有助于拉伸紧绷的肌肉纤维。我们谈论柔韧性训练时提到肌肉、肌腱以及韧带时,可以将肌肉纤维想象成一根橡皮筋。如果你拉伸橡皮筋后将其放开,它将恢复原状,肌肉和结缔组织也是如此。如做轮流伸腿运动时,你的腿筋和腰部在某个节点会有紧绷的感觉,这就是你自己的肌肉紧张临界点。肌肉纤维的这种特征告诉我们,做这种训练时需要注意两方面的情况:①为了尽量发挥柔韧性训练的好处,恰到好处地拉伸肌肉,必须使肌肉训练和柔韧性训练保持一致。我们需要知道的一点是,当我们延长肌肉的拉伸时间,肌肉的柔韧度就会增加;拉伸的锻炼做得越多,肌肉就越灵活。②必须掌握好肌肉的紧张点并注意保护好自己。因为凡事都有个限度,超过一定紧张点可能会使肌肉永久疲劳,损伤肌肉的拉力和韧性。超过这个限度,可能会拉伤韧带;但是,要是不超过这个点,又有可能发挥不出锻炼肌肉的作用。经常有人过度锻炼,急于求成,结果适得其反,损伤了自己的肌肉纤维。所以,高尔夫挥杆的柔韧性训练需要把握分寸。

2. 柔韧素质的分类

柔韧素质从其与专项的关系看,可分为一般柔韧性与专项柔韧性。一般柔韧性,是指为适应一般技能发展,所需要的柔韧素质;专项柔韧性是指专项运动特殊需要的柔韧性。由于专项柔韧性具有较强选择性,因此,同一身体部位具有的柔韧性由于项目的需求不同,在幅度、方向等表现上也有差异。

3. 柔韧素质训练方法

(1) 手指手腕柔韧性练习:握拳、伸展反复练习

a. 两手五指相触用力内压,使指根与手掌背向成直角或小直角。

b. 两手五指交叉,直臂头上翻腕,掌心朝上。

c. 手腕伸屈、绕环。

d. 手指垫高的俯卧撑。

(2) 肩关节柔韧性练习

拉肩

a. 双人背向两手头上拉住,同时做弓箭步前拉。

b. 练习者站立,两手头上握住,帮助者一手拉练习者头上手,一手顶背助力拉。

c. 练习者俯卧,两手相握头上举或两手握木棍,帮助者坐练习者身上,一手拉木棍,一手顶其背助力拉。

d. 背对肋木坐,双手头上握肋木,以脚为支点,挺胸腹前拉起成反弓形。

e. 背向肋木站,双手反握肋木,下蹲下拉肩。

吊肩

a. 单杠各种握法(正、反、反正、翻等握法)的悬垂摆动。

b. 单杠负重静力悬垂。

c. 杠悬垂或加转体。

d. 后吊:单杠悬垂,两腿从两手间穿过下翻成后吊。

e. 转肩:用木棍、绳或橡皮筋做直臂向前、向后的转肩(握距逐渐缩小)。

(3)腰腹部柔韧性练习

a. 弓箭步转腰压腿;

b. 两脚前后开立,向左后转,向右后转,来回转腰;

c. 体前屈手握脚踝,尽量使头、胸、腹与腿相贴;

d. 站在一定高度上做体前屈,手触地面;

e. 分腿体前屈,双手从腿中间后伸。

(4)胸部柔韧性练习

a. 俯卧背屈伸:练习者腿部不动,积极抬上体、挺胸。

b. 虎伸腰:练习者跪立,手臂前放于地下,胸向下压。要求主动伸臂,挺胸下压。

c. 练习者面对墙站立,两臂上举扶墙,抬头挺胸压胸。要求让胸尽量贴墙,幅度由小到大。

d. 练习者背对鞍马头站立,身体后仰,两手握环使胸挺出。要求充分伸臂,顶背拉肩和胸。

e. 练习者并腿坐在垫子上,臂上举,同伴在背后一边向后拉其双手,一边用脚蹬练习者肩背部,向后拉肩振胸。

(5)下肢柔软性练习

a. 前后劈腿:可独立前后振压,也可以将腿部垫高,由同伴帮助下压。

b. 左右劈腿:练习者仰卧在垫子上,屈腿或直腿都可以,由同伴扶腿部不断下压。

c. 压腿:将脚放在一定高度上,另一腿站立脚尖朝前,然后正压(钩脚)、侧压、后压。

d. 踢腿:原地扶把杆或行进,正踢(钩脚)、侧踢、后踢。

e. 摆腿:向内、向外摆腿。

(6)踝关节和足背部柔韧性练习

a. 练习者手扶腰部高度肋木,用前脚掌站在最下边的肋木杠上,利用体重上下压动,然后在踝关节弯曲角度最大时,停留片刻以拉长肌肉和韧带。

b. 练习者跪在垫子上,利用体重前后移动压足背,也可将足尖部垫高,使足背悬空做下压动作,增加练习时的难度。

c. 练习者坐在垫子上,在足尖部上面放置重物,压足背。

d. 做脚掌着地的各种跳绳练习。

e. 做脚前掌着地的各种方向、各种速度的行走练习。

(五)高尔夫核心力量训练

1. 核心力量概述

在20世纪90年代,核心力量训练在国外被广泛应用。21世纪初期,此理念逐渐被我国竞技体育训练界接受、认同和推崇。"从人体解剖学的角度来看,人体的核心(core)是指脊柱、髋关节和骨盆这些躯干中心区域所在的位置,它们正好处于人体上下肢的结合部位,在运动中发挥着承上启下的枢纽作用",核心稳定力量对几乎所有的竞技运动项目都具有重要的作用,其中也包括高尔夫运动。

在挥杆时,整个身体需要形成一个完整的动力链,依靠身体核心部位的旋转,带动上肢挥杆;在击球进洞时,需要身体核心部位的肌肉相互协调,形成一个有效的叠加合力,才能将球击得更准更远。一旦躯干"核心"区域的力量不足,就会增加其他部位肌肉"代偿性"的用力负担,如肩、臂部和腿部等,技术动作就表现为僵硬、不协调和费力。强化身体核心部位的力量,可以使高尔夫球手在运动中更好地控制身体的姿态,甚至能在不稳定的情况下保持较好的技术动作,同时也便于把人体形成高效的动力传动链,充分发挥身体各部位协调用力的优势。

总而言之,合理运用核心力量,一方面可以为主动肌的发力建立良好的支点,提高不同肌肉、不同环节的力量有序地参与运动,维持重心稳定和平衡;另一方面还能够减小无关肌肉和关节的负担,预防急性损伤的发生,达到预防损伤的目的。

2. 如何感受"核心"?

身体直立,双手拿杆,将杆竖立起来。身体先向右旋转30度,然后由同伴用手施力顶住杆身;之后你慢慢用力,向左侧回旋身体,由同伴施加对等的力道,相互顶住。这时你感觉到的用力的地方就是"核心"区域。

3. 核心力量的强化训练

核心力量训练一般以克服自重或轻负重为主,方法有很多,各种训练方法主要目标都是改善神经对于核心肌肉的动员募集和控制能力。即使没有复杂的训练器械,我们也可以用垫上的徒手练习或者配合简便实用的小器械对运动员进行核心力量训练,如健身球、普拉提泡沫轴、橡胶弹力带、实心球、普拉提魔术圈、平衡盘等这几种小型体能训练器械在练习核心力量方面都非常有效。

下面介绍几种能够有效增强这些部位的核心稳定性的练习：

(1) 球上俯撑

动作步骤

a. 双手打开，俯撑在健身球上，保持脊椎中立位。

b. 吸气，保持身体脊椎角度不变，慢慢屈肘放低身体。保持肩膀下沉，颈部放松。

c. 呼气，集中身体核心的力量将手臂伸直。

重复：练习5~8个次，完成3组。

注意事项

收紧腰腹部核心，避免塌腰或弓背，保持身体始终成一条直线。如果需要，可以将膝盖放到地面，以降低动作难度。

(2) 滚球支撑

动作步骤

a. 跪姿，俯身稍稍向前，将双手前臂放在健身球上。

b. 身体保持中立位，腰腹部收紧，吸气时身体带动球滚动向前。

c. 收腹，呼气，身体带动球滚回原位；吸气时，身体斜向左侧，打开左手向后指，保持右手前臂支撑在球上。

d. 收腹，呼气，身体带动球滚回原位。

重复：中间和两侧各转动5~8次，完成3组。

注意事项

在整个动作练习时，避免塌腰，保持腹部始终向内收缩，肩膀下沉保持稳定。

(3) 十字交叉

动作步骤

a. 仰卧，双腿屈膝抬高，两手放在头后，腹部收紧，头部和上半身抬离垫子，目光看向腹部方向。

b. 呼气，屈左膝伸向胸部，右腿往斜前方60度角伸直。身体向左侧转动，想象以右肩去靠拢左膝盖。

c. 吸气，回至中间，注意保持上身离地的高度；呼气时，腿部交换位置，同时向右侧转动身体。

重复：左右连续交替6~10个回合，完成3组。

注意事项

下腹部和髋部必须始终保持稳定，躯干呈"X"形对角缩短。避免用手拉头部,在熟悉以后可以更加流畅地完成练习。此动作将刺激到身体所有的腹肌,让腹部有"烧起来"的感觉,同时也挑战了骨盆的稳定性和核心的控制力。

(4)反向卷腹

动作步骤

a. 仰卧,手放在身体两侧,保持脊椎中立位,两腿弯曲膝盖脚踝相互交叠,大腿垂直于地面。

b. 呼气,收紧核心,引领下背部随之卷起离开垫子。

c. 吸气,有控制地脊椎逐节还原回到原位。

重复:做6~10组。

注意事项

肩膀放松,不要耸起,强调控制,要注意重心不要超过肩胛骨的上端,避免让重心挤压脖颈,做到自己能够控制的高度即可。在回卷下放时需要细细体会脊椎逐节滑落的感觉。

(5)半程斜侧卷动

动作步骤

a. 双膝弯曲,背部挺直坐于垫上,双腿平行与髋部同宽,打开双臂向前。

b. 吸气,头颈和脊椎拉长向上;呼气,骨盆稍后倾,脊椎向后屈曲的同时身体向右转,打开右臂,目光看向手的方向。

c. 吸气,回到原位;呼气时,重复向另一个方向向下斜侧卷动。

重复:两侧交替6~8次。

注意事项

背部向斜后侧卷动时,不要让腹部凸起,而是尽力往内收缩。如果双脚无法保持平踩于垫上,可适当增加膝盖角度,保持脚后跟贴于垫上。

(6)蚌式开合

动作步骤

a. 屈膝侧卧,将双腿脚踝保持并拢抬高,头枕在下侧手臂上方,另侧手放在胸腹前侧的垫上。

b. 吸气,在保持骨盆稳定的前提下,打开上侧腿膝盖。

c. 呼气,有控制地将双膝合拢。

重复:两侧各10~15次。

注意事项

打开膝盖时,骨盆仍然保持在中间,不要往后倾斜。如果肩膀感觉不适,可在头下方垫上毛巾适当加高头位。

第二节 高尔夫技术能力训练

一、高尔夫运动技术与运动员技术能力

(一)高尔夫运动技术的定义、构成及其基本特征

1. 高尔夫运动技术的定义

高尔夫运动技术是完成高尔夫击球动作的方法,也是决定高尔夫运动员竞技能力水平的重要因素。合理的、正确的运动技术,符合击球原理的要求,有利于高尔夫运动员的生理、心理能力得到充分发挥,有助于提高高尔夫运动员取得优秀成绩。

每一项运动都应符合人体运动力学的基本原理,高尔夫运动也是如此,这是每项运动的基础。但是,每个运动员都会有其不同的生物学特点,所以,怎样结合其个人生物学的特点,使之更好地进行高尔夫运动是非常重要的。

2. 高尔夫运动技术的构成

(1)高尔夫动作要素

高尔夫动作要素,包括身体姿势、运动轨迹、挥杆时间、挥杆速度、挥杆力量、挥杆速率和动作节奏等。

① 身体姿势,指在击球过程中,身体各个部分所处的状态,及其各个部位在击球过程中的相应关系。分为瞄球姿势、引杆、上杆、顶点、下杆、释放、击球、送杆、前挥、收杆。

② 运动轨迹,指在进行击球前后,身体、球杆和球所形成的路线。包括轨迹形状(直线、曲线、弧线等)、轨迹方向(前后、左右、上下六个基本方向及各种旋转及环绕等)和轨迹幅度(长度、角度)。

③ 挥杆时间,指完成高尔夫挥杆击球所需要的时间。包括完成动作的总时间和各个部分的操作时间(空挥、瞄球、看线、击球)。

④ 挥杆速度,指在单位时间内身体与球杆进行击球时移动的距离。包括平均速度、瞬时速度、初速度、末速度和加速度等。

⑤ 挥杆力量,指完成击球动作时,克服身体阻力所用力的大小,是人体内力与外力相互作用的结果。

⑥ 挥杆速率,指一定时间内同一挥杆动作重复的次数。

⑦ 动作节奏,指在完成挥杆动作过程中的时间特征。包括用力的大小、杆的型号、挥杆的幅度、时间间隔的长短及动作的快慢等要素。

(2) 高尔夫技术结构

高尔夫运动技术结构,包括基本动作和挥杆击球两个方面。

① 基本动作结构,它由球位、球杆和基本站姿构成,是挥杆击球的前提和重点。正确的球位,以及根据相应的球杆建立相应的基本站姿,是高尔夫挥杆击球是否顺畅的基本要求。只有建立合理的球位、站姿和使用相应的球杆,才能联结好动作的各个点。因此,改善高尔夫技术的基本动作结构,可以从球位、球杆的选择,以及基本站姿这几个方面去进行调整。

② 挥杆击球,它由引杆、上杆、顶点、下杆、释放、击球、送杆、前挥、收杆构成。

3. 高尔夫运动技术的基本特征

(1) 高尔夫运动技术的不可分割性

高尔夫动作像其他运动一样,需要通过人体才能表现出来。因此,高尔夫运动技术与人体是不可分割的整体。

(2) 高尔夫运动技术不断成长的必然性

高尔夫技术动作和所有运动一样,随着练习的时间、技术训练的不断革新、训练器材的改进,高尔夫运动技术也在不断地成长和进步。

(3) 高尔夫运动技术相对稳定和及时应变的统一性

高尔夫运动,是一种追求成绩为负数的运动,整个过程要求击球技术动作的稳定性,如何保证技术动作的稳定,直接影响了比赛的进程。同时,随着比赛情况的变化而调整技术动作,也是高尔夫运动的要求。

(4) 高尔夫运动技术的个体差异性

每项运动技术都必须符合科学原理,高尔夫技术运动也是一样。高尔夫运动技术有其自身的规范性动作技术和规格。但是,运动员在身体形态、运动素质、领悟能力等很多方面,具有各自不同的特点;所以,高尔夫运动还具有个体性差异。因此,每个运动员身上都具有其鲜明的特点。

(二) 高尔夫运动技术原理

1. 生物学原理

(1) 生理学原理

高尔夫运动技术形成的生理机制,是运动条件反射暂时性的神经联系,是以大脑皮质运动为基础的。学习和掌握高尔夫运动技术的生理学本质,就是建立运动条件反射。

(2) 生物力学原理

运动生物力学认为,运动技术的生物力学原理就是以下基本要素合理适宜匹配的结果:身体姿势,关节角度;身体及肢体的位移、运动时间、速度,及加速度;用力大小及方向;用力的稳定性,及动态力的变化速率;人体各环节的相互配合方式;增大动力利用率,及减少阻力的技巧。高尔夫运动技术在整个瞄球准备、挥杆击球过程中,应当遵循生物力学的原理进行,从而产生接近完美的技术动作。

2. 心理学原理

每一项运动的心理学都受到人们的广泛关注,高尔夫运动也是如此。高尔夫运动技术的健康成长离不开好的心理能力;如何关注和认识心理的形成和发展,对高尔夫运动技术有着重要作用。

(三)影响高尔夫运动技术能力的因素

1. 主体因素

(1) 身体形态特征

高尔夫运动技术必须以身体动作体现出来;而身体动作的体现,则以人体解剖结构为基础。不同的身体结构,对高尔夫运动技术会产生不同的影响。

(2) 感知觉能力

高尔夫运动员感知觉能力的高低,将会影响到技术能力的高低。运动员在完成技术动作时,需要各种感知觉的参与。其中,肌肉运动感觉起着重要作用。经过反复的学习和训练,运动员感知觉能力得到强化和提升,运动员能清晰地感知自己的动作,从而使动作具有高度的准确性和协调性。

(3) 高尔夫技能的储存数量

高尔夫运动,看似是一项单一的挥杆击球运动,但在挥杆和击球练习中随着练习数量曾大,储存的高尔夫运动技能也会不断增多,这都将为吸收和建立新的动作打下基础。

(4) 身体素质

身体素质,可分为先天和后天两类。力量、速度、灵敏、耐力、柔韧等素质的高低,直接影响着技术动作完成过程中身体各个部位的配合,决定着挥杆的节奏、平面、击打的距离等一系列结果。先天拥有好的身体素质,为向更深层次的提高打下了更为坚实的基础。

(5) 个性特点

运动员学习和掌握完成技术动作的质量,和其注意力、思维、信心、意志力等心理品质有着直接关系。在进行高尔夫运动时,完善和提升运动员个性特点,有助于提升其运动技能。

2. 客体因素

(1) 竞赛规则

无规矩不成方圆。任何一项运动的发展,都离不开合理公正的竞赛规则。高尔夫运动是一项竞争非常激烈的比赛,触犯任何一条规则也许都会与冠军失之交臂。深入研究高尔夫规则、合理利用规则,对高尔夫比赛有着非常重要的作用。

(2) 技术环境

环境造就人才,一个良好的高尔夫技术环境,对运动员学习、掌握和运用运动技术有着非常重要的作用。例如:巴西足球举世闻名,其人才辈出与其良好的足球环境是息息相关的。

(3) 器材设备与场地

每一项运动技术的发展都离不开器材设备与场地的进步,高尔夫运动也是如此。在当今的高科技时代,合理运用高科技器材设备不断提升高尔夫技术能力,是很多高尔夫学院不断应用和研究的一个重要课题。例如:POD 挥杆影像分析器、SWINGGPRO 数据分析系统、EX 专业挥杆训练系统、专业挥杆重心分析仪等。这些设备分别从挥杆平面、节奏、重心等各个方面,对运动员的技术进行相应的辅助和调整。

(四) 高尔夫运动技术评价

1. 高尔夫运动技术评价的目的和基本标准

(1) 评价目的

高尔夫运动技术评价的目的,是对高尔夫技术的掌握或完成状态的描述和评定的活动。评价者在科学评价理论指导下,运用现代科技手段或依据自身经验,发现、描述与评定运动员在技术上存在的问题,并为高尔夫运动员实现理想的或满意的技术状态,提出指导意见和建议。

技术评价的任务,主要在帮助运动员尽快掌握动作,提高技术质量,探寻新技术和论证新技术的可行性及科学性,从而达到促进其运动技术水平的提高。

(2) 评价基本标准

实效性评价和合理性评价是高尔夫运动技术评价的两大标准。

高尔夫运动技术训练的根本目的,是创造优异的运动成绩;是否能达到这一目的,即实效性如何,是评价高尔夫运动技术的主要标准。

达到这一目的的过程,是否符合生物学及心理学等规律,即合理性,亦是评价高尔夫运动技术的重要标准。

2. 高尔夫运动技术评价的指标

(1) 数量指标

高尔夫运动技术的数量反映着运动员掌握技术动作的全面性和多样性。

训练量的大小可以从一些方面反映出动作的熟练程度,如节奏、平面的控制等。

(2) 质量指标

高尔夫运动技术的质量,主要体现在挥杆的节奏、平面是否和谐,距离、弹道是否稳定。根据不同的球杆,评定的标准亦有所不同。当前主要的评价,是对技术动作质量的评价。

二、高尔夫运动技术训练的基本要求

(一) 处理好基本技术

事实证明,高水平的职业球员,一般都具备扎实的基本技术。因此,高尔夫训练,必须要长期地、系统地、坚持不懈地狠抓基本技术的训练。即使是在高水平运动员的训练中,基本技术训练也应占相当的比重。

要想长期保持高尔夫技术的巅峰状态,延长高尔夫运动的寿命,技术的"基本功"、"基本实力",是必备的条件。世界顶尖级的高尔夫教练员大卫·利百特,曾在高尔夫杂志的采访中明确提出,高尔夫基本技术训练是高尔夫技术的核心,大部分动作出现的问题都来源于基本技术训练的不足。高尔夫顶尖级选手伍兹,直至2009年共获得62个职业赛冠军,10个大满贯头衔,在30岁之前获得如此之多荣誉的选手,他是第一人。能获得如此的成功,与他持之以恒的基本技术练习是分不开的。

(二) 处理特长技术与全面技术的关系

每一个高尔夫运动员都会在其技术领域中有自己的特点和优势,有的是短杆技术好、有的是开球木技术好、有的是铁杆技术好。在训练中,对其突出的技术应不断强化,精益求精,使其成为在赛场上制胜的主要手段。

在强化特长技术的同时,还应当提升全面技术的水平。高尔夫是一项追求负杆数的比赛游戏,要求发挥稳定,每一次击球都影响着最终的成绩。因此,每一种挥杆技术能力的高低都对比赛有着重要影响。

全面技术的提升,会从某个角度上促进特长技术的提升,二者是相辅相成的。在平时的训练中,结合二者合理训练是非常重要的。

(三) 处理好规范化与个体差异的关系

高尔夫规范化技术,在常规的训练中经常出现,是根据科学的原理而确立的,也是人们在进行高尔夫技术训练时所必须要遵从的模式化要求。高尔夫技术训练,必须符合技术规范,必须沿着高尔夫技术规范指出的方向进行。因此,在训练中,强调高尔夫技术训练的规范化是非常重要的。

在训练中,每个人都会有一定的个体差异,而高尔夫规范化是一种理想的状态,要达到最完美的理想状态是非常困难的。每个球员都会有自己的特点和风格,在要求规范化的训练中,应充分让球员表现出不同的技术风格,结合自己的风格特点,更好地完成技术训练。

(四) 处理好循序渐进与难点先行的关系

高尔夫技术训练的各个环节都有其内在的联系,进行高尔夫技术训练时,应当认识和利用技术活动内部存在的固有联系,沿着由低到高、由易到难、由浅入深、由分到合、由主到次的顺序进行练习。从训练内容的安排到训练方法的选择,都要服从"学习、提高、巩固,再学习、再提高、再巩固"的程序。使用这种方式进行技术训练,有利于球员打牢基础,稳步前进。

难点先行,在特定的条件下有可能会收到良好的效果。在高尔夫技术训练中,木杆技术训练往往是较难的,也是许多学员比较担心的。在技术训练中,合理加大木杆的练习,提升掌握木杆技术的水平,某种程度上可以促进球员的自信和提升球员对学习高尔夫技术的兴趣。

难度大的技术训练,必须有一定的技术基础作为前提,这样有助于避免球员在学习中出现头重脚轻的现象。

(五) 抓好技术风格的培养

"高尔夫技术风格",在某种程度上决定了球员打球的特点。这种特点,能让观众对他印象深刻,就像武术中的流派,足球的中的风格一样。高尔夫技术领域中有许许多多风格迥异的伟大选手,例如:艾伦·罗伯逊、汤姆·莫里斯、哈利·瓦登、沃尔特·哈根、波比·琼斯、山姆·斯尼德、本·霍根、阿诺德·帕玛、加利·皮亚、李特、维诺、杰克·尼克劳斯、汤姆·沃特森、尼克·费度、格雷戈·诺曼、泰格·伍兹等。这些伟大的球星在高尔夫竞赛场上尽显风骚,把个人的特点技术风格体现得淋漓尽致,让世人敬仰。

高尔夫技术风格一般是指球员的技术系统区别于其他球员的技术系统,体现出了成熟、定型的技术特征。影响高尔夫球员技术风格彰显的因素,一般包括特长技术、神经类型、种族特征等几个方面。

三、高尔夫技术训练常用的方法与手段

高尔夫技术按照挥杆原理,其整个运动过程就是一个圆周运动,且遵循钟摆运动的原理。当人的身体在做钟摆运动时,主要是分为两大部分进行协调运动,一部分是上半身的运动,另一部分是下半身的运动。这两大部分的运动,又涉及身体各个部位的运动。根据身体运动的要求,在高尔夫运动技术练习中,分别有相应的方法和手段进行相应的练习。

(一)高尔夫热身技术训练方法

正确的热身技术训练可分为四个步骤:

1. 全身性的有氧运动

这里有氧运动指的是缓和性的有氧运动,如原地慢跑或快走。主要目的是提高心跳,促进全身的血液循环。此阶段是一个重要的开始,提升心跳以及促进全身血液循环可以提高肌肉温度、活化细胞、苏醒反射神经,也为接下来的热身步骤做准备,时间5~10分钟。

2. 关节活动

建议慢慢地活动各部位的关节,范围应从小而大。最常见的关节运动,就是以360度的方式来旋转关节。此动作容易对关节面产生较大的摩擦,应从每一单一方向进行,如颈部关节活动应前后弯、左右侧、再左右转。当前阶段全身血液循环加速后,关节部位温度也会提升,活化关节组织,使这个阶段的关节活动可以安全地进行,而关节的活动会刺激关节分泌润滑液,润滑关节为即将运动的关节做好准备。此阶段活动的时间5~10分钟。

3. 拉筋

拉筋的功能是放松肌肉、增加柔软度,也就是肌肉、肌腱与筋膜的伸展运动。因此拉筋一定要在完成上述两个步骤后再进行才能有效果。因为肌肉、肌腱与筋膜的伸展,需要在血液循环加快、肌肉温度上升与良好的关节润滑的环境下,才能安全有效地达到拉长的目的。对冷肌肉做拉筋,容易造成拉伤。

正确的拉筋是感觉伸展的肌肉达到"紧绷"的状态时,便停留在此位置。30秒重复2~3次。学员们最常犯的错误是做律动式伸展与过度伸展。律动式伸展

如双腿挺直、身体前弯、双手一次次地重复下压伸展。这些错误动作即便当下没有立即拉伤,但肌肉也可能出现不正常紧绷现象,增加了发生运动伤害的危险性。时间5~10分钟。

4. 熟悉与适应挥杆的动作与打球的环境

当完成上述三个步骤后,身体已经达到一定程度的准备,可以开始进行适应性热身运动,也就是针对将从事的运动所需的肌肉关节等组织做特别的热身。先采取空中挥杆,让身体熟悉挥杆的大致动作,让身体进入最后的准备状态。

下面重点介绍几种热身技术训练方法。

1. 手腕练习

在下杆时,手腕的灵活转动是非常重要的。下杆时,转动手腕能帮助自己控制力量。当双臂在下杆的时候,正确的腕部角度很重要,它会使腕部延迟,并为下杆增加力量。在适当的时候转动腕部,杆头的速度就会增加。此时,右肘到达右臀高度,右手达到腰部高度,腕部延迟动作,双手开始释放杆头,将杆身挥向球体;击球后,腕部开始回转,前臂从上杆位置向后移动,掌心向上,向目标方向释放。当我们放松腕关节的角度时,力量就会损失。

<u>手指腕练习(1)</u>

如图5-1所示,四肢着地,双手垂直于肩部,十指分开,双腿并拢跪于地面,膝部垂直于臀部。注意:手指的张开程度要以每个指头之间能放一个高尔夫球为宜。轻轻地将身体重心移到前方,直至感受到腕部承受了更大的压力。在每个方向重复做五次。将你的手掌翻转过来,让你的双手背部处于地面上,将十指指向膝部。

图5-1

<u>手指腕练习(2)</u>

如图5-2所示,使用普通橡皮筋套在拇指和食指之间,当拇指和食指接近的时候,保持橡皮筋呈松弛状态。然后张开中指和食指,拉伸橡皮筋,然后缓慢恢复到初始位置。运用相同的办法锻炼双手的每一个指头,重复数次。

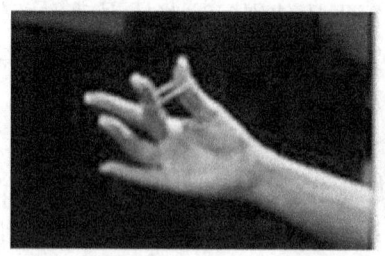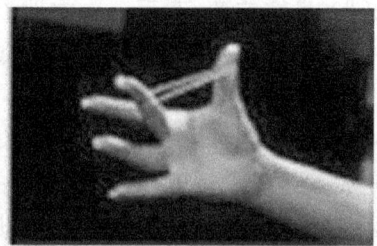

图 5-2

2.手臂练习

手臂练习(1)

如图 5-3 所示,站立,双脚之间的距离与肩等宽,将挥杆训练球杆缓慢地降到你的头部后方。另外一只手将球杆缓慢地往下拉,直到到达一个舒适的位置为止。保持这个姿势,然后重复一遍。交换双手的位置,重复同样的动作。

图 5-3

手臂练习(2)

如图 5-4 所示,双手分别握住球杆的握把和杆头;弯腰,让其缓慢倾向身体一侧,调动斜肌和臀部肌肉。保持这个姿势,持续 30 秒钟,然后重复整套动作。然后转换至身体另一侧,以同样的方法重复前面的过程。注意你的姿势,不要让臀部凸向另一侧。

第五章 高尔夫运动专项能力训练

图 5-4

3. 躯干练习

躯干练习(1)

如图 5-5 所示,从瞄球位置开始,转动躯干和肩部。开始时,将拉力器置于背部后方,拉伸胸部肌肉。身体姿势过渡到使用 5 号铁的姿势,双膝微弯,以臀部为支点转体。深吸一口气,将躯干转向右方,呼气的时候将躯干转向左边。开始时缓慢转动,注意躯干的转动并尽量保持臀部静止。缓慢重复 5 次,然后以更大力量和速度重复前面的动作 10 次以上。

图 5-5

躯干练习(2)

如图 5-6 所示,从瞄准位置开始,肩部速度训练。开始时从瞄球位置开始,

— 109 —

双手掌合一。当你吸气的时候,将右臂打开,伸直至右肩后,使其与左臂成一条直线。将目光停留在球体上,呼气的时候将手掌合在一起。以缓慢的速度重复5次,接着以更快速度重复10次。转换至身体另一侧,以同样的方法重复前面的步骤。

图 5-6

躯干练习(3)

如图 5-7 所示,拿起一支加重训练球杆,双手各持握把及杆头。将杆头举到肩部高度,并将双脚放在正常瞄球位置。缓慢地将身体从一侧转到另一侧,保持双脚稳定,直至感到拉伸很舒适。保持这个姿势,坚持30秒钟,然后恢复到初始位置。在身体的另一侧重复同样的动作。

图 5-7

4. 肩部练习

肩部练习（1）

如图 5-8 所示，锻炼肩部和背部上方，进行肩部系列训练能增加肩部和上臂柔韧性和力量。保持弓步姿势，将双臂举到肩部高度，顺时针小圈转动肩部 20 次；然后逆时针小圈转动肩部 20 次；然后，将臂部分别向前和向后振动 20 次。转换双腿的位置，重复同样的动作。

图 5-8

肩部练习（2）

如图 5-9 所示，此练习可以增加躯干转动灵活性和臀部稳定性。保持双臂伸展并缓慢将躯干向右侧和左侧转动，让臀部尽可能保持静止。缓慢地重复上述动作 5 次。一旦你领会了这个练习，那么可以以更快的速度重复 10 多次，同时保持臀部稳定。转换双腿，重复整套动作。

图 5-9

肩部练习（3）

如图 5-10 所示，将一支加重训练球杆放在腰上，双肘包住球杆。模仿瞄准姿势,缓慢转动上体,以便杆头指向地面,同时双脚稳稳地站在地面上,此时臀部保持相对静止。

图 5-10

5. 平衡性练习

平衡练习(1)

如图 5-11 所示,右腿抬起,进行单腿平衡练习。将右腿抬离地板,右手放在膝关节上。保持这个姿势 60 秒钟,闭上眼睛 30 秒。然后转换至身体另一侧,以同样的方法重复前面的过程。

图 5-11

平衡练习(2)

如图 5-12 所示,开始的时候,将球杆放到头部的上方,肩部分开;调动躯干,将身体重心转移到一只脚;将左腿抬起的时候,上体开始向地板下降;然后将臀部指向地板,伸直左脚。保持这个姿势,呼吸5~10次;然后转换至身体另一侧,以同样的方法重复前面的过程。

图 5-12

6. 重心练习

重心练习(1)

如图5-13所示,手拄球杆,做箭步状。开始时右腿向前,左腿向后方移出;将左脚逐渐抬起,脚尖支地,使用右手中的球杆作为平衡支撑;单腿向前,将注意力集中在股四头肌以及右侧臀大肌上。重复做15次,然后转换至身体另一侧,以同样的方法重复前面的过程。

图 5-13

重心练习(2)

如图5-14所示,右腿大步跨前,向内转动你的左脚;将你的肚脐吸向脊柱,然后向两侧舒张你的肩部。保持这个姿势,深呼吸10次;然后转换至身体另一侧,以同样的方法重复前面的过程。

图 5-14

(二)高尔夫技术辅助性训练方法与手段

1. 铁杆练习

<u>铁杆练习(1)</u>:调整站姿以甜蜜点触球实现完美击球

如果在击球过程中有下列情况出现,可尝试下面介绍的练习方法。这种站位练习能够帮助你每次击球时实现完美触球。

- 你使用铁杆时很少能够以甜蜜点触球;
- 随着年龄的增长,你的柔韧性变差了;
- 你有时会在挥杆过程中失去平衡。

① 问题:你使用铁杆时,会以杆面上各点触球。

② 成因:你的站位方式限制了动作幅度。你也许存在柔韧性不足的问题,但你仍然可以打出好球。

③ 解决方法:假想有一根橡胶管由你的头顶沿身体中线伸到地面。你在站位时,应该想着不让橡胶管在任何一点上弯曲。

④ 做法:瞄球时,上体自髋部而不是自腰部前倾。要体会二者之间的不同,可以试试下面的训练法,如图 5-15 所示。

步骤一:右手持一支铁杆,贴在皮带侧面,使杆身与地面平行。左手也持一支球杆,使两支球杆的握柄贴在一起。

步骤二:稳固握杆,上体前倾,直到肩部正对脚尖。如果你的上体正确地自髋部前倾,两支球杆将仍然与皮带处于同一平面上。

步骤三:如果你的上体自腰部前倾,从侧面看,你右手中的球杆将穿过腹部。

步骤1　　　　步骤2　　　　步骤3

图 5-15

这会导致橡胶管弯曲,改变髋部和脊柱的相对角度。当你开始转体时,橡胶管的弯曲会变得更严重,最终迫使球杆偏离正确挥杆平面。

铁杆练习(2):让击球更有力

为了让铁杆击球更有力,最重要的一个环节就是上下杆的转换。如图 5-16 所示,当你下杆的时候,应该感觉自己的重心向左脚以及地面转移。也就是说,你需要利用地面的反作用力来挥杆创造力量。为了找到这种感觉,可以在练习场进行一种"挤压海绵"的练习方法。

图 5-16

左脚踩住一块较薄的矩形海绵块,如图 5-17 所示。当你在上杆的过程中,应该感觉到海绵上的一些压力(反弹力)。但是,当从上杆向下杆转换时,海绵块上的压力(反弹力)会剧烈增加。为了做到这一点,下半身需要以正确的方式向前运动,并将大量能量传递到手臂和球杆上,为大力击球做好准备。

图 5-17

铁杆练习（3）：扎实的击球，将铁杆球打出预期的距离

为改进你的杆数，你必须将铁杆球打出预期的距离。为达此要求，你需要扎实的击球。这一点可从所打的草痕看出。好球员都先击中球，才刮起草皮。你的草痕应出现在球前，且是相当的浅平。

如图 5-18 所示，将一支球梯斜插入地上，以至于它的顶点就在球的前方。用四分之三挥杆打几球，将球梯钉入地面，这是练球时集中注意力的完美办法。

图 5-18

2. 木杆练习

木杆练习（1）

1 号木杆平面强调手部动作，这是上杆平面的一个对称静像，不会因为触球之后而有任何的改变。一般的主张是，脊柱角度不变即可办到，但也有人认为应让杆头自然挥动，不去做任何的操控。脊柱角度一定是不变且双手是伸展的，直到圆周使杆头又重回对应的圆弧位置，如图 5-19 所示。或许以上的论点，你会认为比较强调手部动作,而事实就是如此,没有正确的手部动作,其他的身体动作皆是枉然。不过,一旦你的手部动作成为自然反应时,你大可忘了以上的要求。因为你的杆头已经可以在正确的路径上摆动,不必刻意操控,它每一次都可以用最快的速度打中球了。你应有的击球距离,必会伴随着更好的方向性一起出现。

图 5-19

木杆练习(2):借重力的释放

释放一直是挥杆的关键所在。最理想的释放方式是,让杆头借着重力加速度来释放。依球杆长短的差别,越长的球杆,杆头走的圆弧越大,需要更早进入重力加速的范围,才有可能在触球前达到杆头的最快速度。因此,手腕便要尽早做释放,好让杆头顺着重力加速度挥下。这种手腕辅助杆头释放的时间点的控制原则应该是:球杆越长,释放得越早,如图 5-20 所示。

图 5-20

3. 短杆练习

从沙坑球中救球是件非常困难的事情。因为，从沙坑击球的时候必须加快杆头速度，而且不能首先击打到球体，这比从草丛中救球要困难得多。

沙坑救球可以采用下面的方法：

瞄球前先绕球画个茶碟大小的圆圈，如图5-21所示。不要用杆头直接击打球体，而是将杆头击入圆圈内的沙子并留下凹坑，这样球将会乘沙飞起，而杆面不会直接接触到球体。注意，击球时不要有随杆动作，否则就会带起很多沙子，而球却被留在沙坑中。另外，要让杆面对准目标，杆面对得越正，球的飞行距离就会越远，如图5-22所示。

用这个办法，可以练习将球击出那个小圆圈。练习的时候可以不放球，直接击打那个小圆圈，将里面的沙子击打到外面，这样你将很快学会救球。

图 5-21

图 5-22

4. 推杆

推杆练习（1）

完善推击冲击球，关键是双手要处于球前方。练习方法如下：

握推杆，然后再倒握一支球杆，击球，看你能否使第二支球的杆身保持轻贴左侧身体。如图 5-23 所示。

冲击球时，推杆的握柄应该处于球的稍偏前方。这种延迟动作能够使球流畅，笔直滚动。如果你没有做出延迟动作，第二支球杆的杆身就会压迫你的左侧身体，导致打短。如果你的双手领先杆头太多，杆身就会远离你的左侧身体，你会把球砸进地面。在击球过程中，应集中精力使双腕保持静止，使双肘的距离保持不变。如果你感觉左肘在带动整个击球机构移动，说明你的动作正确。如图 5-24 所示。

图 5-23

图 5-24

推杆练习（2）

推杆时不要抬头张望，要保持视线不动，这也是保持头部不动的一种方法。推杆击球时，我们的头部一般会下意识地跟着球动，事实上，如果保持你的眼睛盯着球的视线不动，你的头部就不会来回转动了。如图 5-25 所示。

要做到这一点，可以先在球下边做一个白色标记，当推杆击球时，控制住自己的视线不动，不转头向别处看。击完球后，露出白色标记，这时我们可以转移视线了。但一般来讲，在抬头看之前，我们就能听到球是否进洞。如图 5-26 所示。

图 5-25

图 5-26

推杆练习(3):楼梯推杆练习距离感

距离感是推杆练习中非常重要的一部分。一般在练习果岭练球时,都是丢一两个球在那里练习推杆,不是专项练习,效果不明显。对于距离感练习来说,在果岭上是不用尺子去量的。因此,宜采用球杆作为练习推杆距离感的辅助工具。如图5-27所示,做好练习准备,取5支铁杆,从旗杆位开始用步子量,每一步放一支杆,杆和杆之间距离相等,然后在每一支球杆的一端放上一个球;从最近的一个球开始推,一直推到最远的那个球。整个过程就像爬楼梯那样,一步一步进行。

图 5-27

练习距离感时,可以把小球放在一个平地上来推球。从近到远推击,逐渐就能够认识到自己推杆幅度和距离的关系。在这个过程中,可以用几种方式来了解自己的实力,限制自己的推球时间完成推击,或者和朋友进行小比赛看谁先推完,来提高自己的抗压能力。

推杆练习(4)

橡皮筋推杆练习法,巩固甜蜜点击。如图 5-28 所示,你只需要准备两根橡皮筋,分别套在甜蜜点两侧。两根橡皮筋的距离稍微宽于一颗球的直径,并使其在甜蜜点两侧对称。用杆面轻轻触球,直到逐渐找到击球的中心位置。出色的推击,不仅可以增强对距离的掌控,还可以降低触球时杆面开放或闭合的风险。下次推击前,使用以上方法练习上 5 分钟,练习效果会让你感到惊喜。

图 5-28

【本章小结】

　　本章的内容学习主要分为两类,一类是,基本素质的训练内容及方法;另一类是,专项技术练习的辅助方法。通过学习基本素质训练的方法,学会专项技术的辅助练习技巧,在日常的训练当中可以结合自身的身体情况进行相应的练习,提升自己的高尔夫技术水平。

【思考与练习】

　　1. 体能训练的定义是什么?
　　2. 身体形态的训练方法有哪些?
　　3. 力量素质训练的定义是什么?
　　4. 体能训练的意义是什么?
　　5. 高尔夫动作要素有哪些?
　　6. 挥杆击球由哪几部分构成?
　　7. 影响高尔夫技术能力的因素有哪些?

第六章
高尔夫运动心理训练

本章导读

高尔夫运动心理训练,是一门复杂而又有章可循的科学实践活动。作为高尔夫运动训练的重要组成部分,它与身体素质、技术、战术训练相结合,共同构成了现代高尔夫运动的完整训练体系。在高尔夫技术、战术逐步达到顶尖水平的今天,对于实力相当的高水平球员来说,成败得失往往取决于心理素质的高低。如何采用有效的心理训练手段来改善心理素质,以保证球员技术、战术、身体潜能的充分发挥,进而达到最佳竞技状态,已经成为广大教练员、球员十分关注的问题。

教学目标

通过高尔夫运动心理训练使球员了解心理训练的定义和分类;了解心理训练的意义和作用;掌握心理训练的主要方法和程序;了解训练与竞赛中常见的心理障碍及训练方法。

第一节 高尔夫运动心理训练概述

一、高尔夫运动心理训练的定义

心理训练,是指通过各种手段,有意识地对球员的心理和个性特征施加影响,使球员学会调节自己的心理状态,为更好地参加训练和比赛,争取优异成绩做好各种心理准备的训练过程。心理训练的根本任务在于创造和保持最佳竞技状态,为比赛时能正常发挥技术、战术水平服务。

高尔夫球员心理训练,是指根据高尔夫运动的特点和球员心理活动的规律,有目的、有计划地培养球员在训练和比赛中所需要的心理素质,最终提高高尔夫专业选手在比赛中调节心理状态、适应比赛的能力,以确保最佳竞技水平的获得和发挥。

(一)心理训练的分类和任务

球员的心理训练可分为一般心理训练和比赛心理训练两类。

1. 一般心理训练

一般心理训练,是指在运动训练的各阶段和比赛阶段都需要进行的心理训练,目的在于提高球员完成专项运动所需要的心理因素。由于一般心理训练的时间较长,贯穿高尔夫球员的整个训练阶段,所以又叫做长期心理训练。

一般心理训练主要包括以下内容:

(1)培养适合专项运动的良好个性特征

培养球员具备适合专项运动的良好个性特征,在一般心理训练中有重要意义,它和球员能否取得优异成绩有很大的关系。有些球员虽然具有较好的身体条件,但由于缺乏专项运动所需要的个性心理特征,虽经多年训练,仍然成绩不佳。

良好的个性特征,能提高球员的工作能力和训练效果。例如,那些对高尔夫球运动具有浓厚兴趣的球员,他们渴望提高自己的运动成绩并希望能在比赛中获胜。这类球员在认识、情感和意志等各方面,就具有较高的积极性。他们在训练和比赛中,就会有较充分的心理能量储备,可以承受大运动量训练,能延迟体力和神经疲劳现象的出现,从而提高运动能力和训练效果。所以,在一般心理训练中,应把球员的个性特征培养视为首要任务。

(2)不断完善专项运动所需要的心理品质

从心理过程来看,心理品质是球员发挥智力水平的重要因素。球员要合理地、完善地掌握运动技术和战术,并能在训练和比赛中充分发挥技术和战术水平,与球员从事专项运动所需要的良好品质密切相关。

① 改善知觉过程

要训练球员具有精确的肌肉运动知觉,使其具有准确控制各种动作和空间定向的能力。尤其应该注意提高对专项运动有重要意义的专门化知觉过程,如球类运动员的"球感",投掷运动员的"器材感"等。因为这些专门化的知觉,直接影响着运动技术动作的精确性和协调性。但专门化知觉的敏锐度,与训练水平、情绪态度和疲劳程度有关,训练过程中应注意这些因素的影响。

② 发展注意力

进行注意力稳定性、注意转移和注意分配的训练,使球员能在很短的时间内将注意力分配和集中于完成各种活动上的能力,并能根据活动任务的要求,较长时间集中注意力于活动任务的完成。

③ 发展记忆、想象、形象思维

使球员在头脑中对动作的表现和概念有清晰的印象,能快速、准确地记忆动作及配合的能力;在这项训练(也称念动训练)中,学会利用肌肉运动表现的能力;训练判断反应,使球员能迅速分析临场情况的变化和解决困难的能力等。

④ 稳定情绪、培养意志

加强情绪稳定性和适宜兴奋性训练,促进球员参加训练和比赛时情绪的增长,学会调节情绪状态的方法。培养球员在必要时能更加勇敢、顽强、坚毅、果断、自制、镇静,表现出夺取胜利的意志品质等。

一般心理训练至为重要,因为球员良好的个性特征和心理过程的良好品质的形成,都是根据一定的目的、任务和要求,经过长期训练形成的。

2. 比赛心理训练

比赛心理训练是针对既定的比赛任务进行的,其目的在于,使球员能在较短的时间内学会自我调节心理状态的方法,以便尽快进入最佳的竞技状态,也称短期心理训练。

比赛期间心理训练,可细分为赛前心理训练和比赛过程中的心理训练。

(1) 赛前心理训练

一般在赛前两三周开始,其具体任务是:

① 明确比赛任务,激发比赛动力,树立取胜信心;

② 掌握具体的比赛心理训练方法,控制和调节自己的心理状态,消除心理障碍,形成最佳竞技状态;

③ 提高心理的适应性,学会在千变万化的比赛情况下保持积极稳定的心理状态,正常或超常发挥自己的运动水平。

(2) 比赛过程中的心理训练

可在每次比赛前、一次比赛中、两次比赛间和比赛后进行。其任务是:

① 帮助球员积累和分析比赛过程中出现的新情况,及时修订比赛行动计划;

② 采取必要措施进行心理调节,保持积极稳定的心理状态。

上述两类心理训练并不是各自孤立的,而是相互依赖和互为条件的。如果没有一般的心理训练,比赛心理训练就没有可靠的基础,难以取得良好的效果;

反之,如果不对球员进行比赛时的心理训练,一般心理训练也就失去了针对性,也就不能提供给球员有效的方法和措施来解决当前的心理矛盾。

(二)心理训练的原则

心理训练,是对球员心理活动施加影响的教育过程;实现这一过程,必须遵循一系列的教学和训练原则,才会使心理训练取得良好的效果。

1. 自觉积极性原则

心理训练的效果,首先取决于球员的自觉积极性。如果球员不相信心理训练的作用,对心理训练持观望、怀疑甚至否定的态度,在教练员的强迫或命令下接受心理训练,不仅不会产生良好效果,还可能会起反作用。因为,任何心理训练手段的掌握和运用,都不可能脱离人的主观状态而起作用。如果没有对心理训练的自觉积极态度,被动地接受心理训练,就失去了内部动力,甚至产生厌烦、对立情绪。

2. 循序渐进与专项训练相结合的原则

所谓循序渐进,就是说对球员提出心理训练的任务和要求,由易到难,逐步提高,使之有计划、有步骤地进行,不能操之过急,要持之以恒。

所谓与专项训练相结合,就是要把心理训练同球员的身体训练、技术训练、战术训练等,有机地结合起来;把心理训练的内容巧妙地贯穿到身体、技术和战术训练中去,贯穿到每个动作的正确掌握和错误动作的纠正中去,使专项训练中全面渗透着心理训练的内容,完成心理训练的各项要求。

3. 个别对待与重复性原则

个别对待原则是指在进行心理训练时要根据球员的个人心理差异区别对待。例如,有些球员属于活泼型,表现为灵活性高,转移能力强,稳定性较差;有的球员属于安静型,表现为稳定性较好,灵活性不足。根据球员这些特点的差异,对前者应加强注意力稳定性训练,对后者应加强注意力转移和分配的训练。又如,比赛中常易产生恐惧、胆怯的心理状态。有的球员可能是由于技术上的原因引起的;有的球员,可能是因为经验不足。这就必须根据不同原因,采用不同的方法或措施,区别对待,帮助球员克服恐惧、胆怯的心理状态。

重复性原则,是指心理训练要反复进行,反复实践,使球员的心理品质在反复进行和反复实践中得到发展和提高。因为,有些心理训练方法,球员不能轻易掌握。例如:中枢神经系统对植物性神经系统的控制和调节,必须经过长期的重复训练和实践才能奏效。

（三）高尔夫球员应具备的心理品质和个性特征

1. 精确的运动感知觉能力

高尔夫球员在通过视觉、知觉、平衡觉、触觉等多种感觉，对自身的行动、球、球杆、场地及时间、空间等客体，经大脑分析综合后，作出高度敏锐的识别与认识。这种识别与认识用专业术语来说就是"球感"、"场地弹性感"、"时间感"、"空间感"等专门化知觉。即能准确地控制自己的动作，具有敏锐的球感、时空感、节奏感等。因此，球员在合理运用技术动作过程中，必须具有准确的判断、快速的反应和清晰的时间概念，才能满足速度的要求，达到高度自动化的程度，用动觉控制代替视觉控制。

2. 准确的动作记忆能力

动作的记忆能力，是建立清晰准确的运动表象的基础，是形成动力定型的重要环节。不论是学习动作还是创新动作，都需要能把头脑中的运动表象迅速而准确地转化为动作，并能够准确地完成技术动作。

3. 思维的敏捷性和灵活性

在学习和掌握技术、战术时，球员要积极参与，通过分析、对比才能尽快地掌握正确的技术动作，防止错误动作的产生或及时纠正错误动作。高尔夫球员的思维形式主要是操作思维，即借助于运动操作，根据动作和操作对象的规律进行思维活动。高尔夫球员思维的敏捷性和灵活性主要表现在能随机应变，合理地运用技术、战术和适应场地的能力。

4. 良好的注意力

即在一定范围内集中注意力的能力，准确而迅速地进行注意力的分配和转移的能力，以及良好的注意力稳定性。球员学习和掌握技术、战术时必须在注意力集中的情况下进行，运用技术、战术时有要求注意的合理分配和及时的转移。高尔夫比赛瞬息万变，这就要求球员排除来自外界、自身的各种干扰，把注意力集中在球上，集中在完成每一个动作上；同时，又能合理地分配和迅速转移自己的注意力，以便准确观察和判断对手、同伴及球的动向。高尔夫比赛的时间一般较长，对注意力稳定性要求较高，尤其在疲劳的情况下，更为重要。

5. 坚强的意志品质

意志品质，是指个体在遇到困难的情况下，独特的意志表现。在高尔夫比赛中，球员如果有明确的目的，就会有意识地、自觉地去克服一切困难，达到自己的目的。

6. 必备的情感和控制能力

情感是人对客观事物是否符合自己的需要而产生的体验。不同情感体验，会对运动活动起到不同的影响作用，它将关系到训练和比赛的质量和效果。研究表明，一般比较强烈的情绪，会引起人体一系列的生理变化，并影响技术水平的发挥。高尔夫运动的训练和比赛，都会引起球员的情绪波动。例如，加大球员训练的密度和强度，其情绪就会起伏波动。在高尔夫比赛中，球员如能控制和保持稳定的情绪，就可以保证运动水平的发挥。

二、高尔夫运动心理训练的意义和作用

高尔夫运动心理训练是高尔夫运动训练的重要组成部分。人的竞技潜力的发挥，在于体能、技能、智能和心理因素的有机结合。近年来人们认识到，在身体、技术、战术训练水平日益接近，竞争越来越激烈的条件下，取胜的关键是球员的心理素质，这也在国内外重大高尔夫比赛中得到证实。

（一）心理训练有利于球员心理过程的完善

心理训练可以培养球员在训练和比赛中精确的运动感知觉、敏锐的思维、良好的注意力、稳定活跃的情绪以及坚强的意志品质。

（二）心理训练有利于球员个性心理特征的形成发展

心理训练能对球员良好性格的形成和发展产生巨大的影响：可以发展其临强不惧、沉着冷静等运动训练所需的特殊能力。

（三）心理训练有利于参加训练和比赛的适宜心理的形成

心理训练可激发球员具有正确的比赛动机和强烈的求战欲望，建立必胜信念，提高球员的自我控制能力，及时消除心理障碍及由此带来的行为障碍，使其心理状态适宜训练和比赛的要求，为提高运动技战术水平及获得最佳竞技状态奠定良好的心理基础。

（四）心理训练有利于球员消除疲劳促进恢复过程

运动训练和比赛，往往导致球员身体和心理上的疲劳，球员在消耗巨大身体能量的同时，也要付出巨大的心理能量。在一般情况下，这种体力上和脑力上的疲劳可以通过休息、睡眠和营养来消除，但心理训练可以缩短消除疲劳及恢复体力和脑力的过程。借助心理训练，可减少神经心理紧张，克服心理抑制状态，较

快地恢复所消耗的神经能量。如用默念放松法使心率恢复正常等。

第二节 高尔夫运动心理训练的方法与程序

一、高尔夫运动心理训练的方法

球界巨星本·霍根曾说过这样一句话:"打高尔夫球80%靠智慧与心理,20%靠体力和挥杆。"心理素质的好坏,对高尔夫球员的水平有很大的影响;高尔夫运动心理训练水平的高低,对球员心理素质的好坏起决定作用。

高尔夫球员心理训练,可以分为两类:一般心理训练和比赛心理训练。一般心理训练的方法,包括放松训练、表象训练、注意力控制训练、提高感知觉训练、意志品质训练、生物反馈训练等。一般心理训练在高尔夫训练的各阶段和高尔夫比赛阶段都可以进行。比赛心理训练的方法包括目标设置训练、模拟训练、思维阻断法、暗示训练、合理情绪训练、合理归因法等。比赛心理训练仅在比赛阶段开展。

(一)一般心理训练

1. 放松训练

放松训练法,是球员用自己的意志调节肌体的机能的放松方法。主要是通过球员的主动放松增强其对生理和心理活动的控制,达到降低唤醒水平、调整情绪的目的。放松训练可以降低球员交感神经系统的活动水平,减少骨骼肌的紧张,减轻过分焦虑,具有良好的抗应激效果。该训练可以使球员肌肉放松、情绪稳定,从而达到最佳运动状态。

放松状态,是指思想、情绪和肌肉都处在一个不紧张或松弛宁静的状态。在进入松弛状态时,表现为全身骨骼肌张力下降,呼吸频率和心率减慢,血压下降,并有四肢温暖、头脑清醒、心情愉快、全身舒适的感觉。同时,这种状态能为其他心理机能训练打下基础。

放松训练方法分为三种,即渐进性放松法、自生放松法和深呼吸放松法。

(1)渐进性放松法

渐进式放松法,是高尔夫运动心理训练中最常用的一种放松方法。它的放松效果非常好,可以使球员感到非常舒适。主要通过调动全身肌肉群,对头、颈、肩、手、掌、胸、背、腹、腿、脚由上至下进行放松,达到消除身体紧张状态,缓解焦虑情绪的效果。这种方法主要在日常训练或赛后恢复过程中采用。

目的：通过紧张和放松的对比，了解紧张和放松，以及不同程度的紧张和放松。

注意事项：

① 做好放松训练前的准备工作。寻找一处安静的场所，配置一把舒适的椅子。放松前，要松开紧身衣服和妨碍练习的饰物等，减少外界刺激。

② 形成一种舒适的姿势。使身体形成一种舒适姿势的基本要求是减少肌肉的支撑力。轻松地坐在一张单人沙发里，双臂和手平放在沙发扶手之上，双腿自然前伸，头与上身轻轻靠在沙发后背上。

③ 做几个深呼吸。从头顶向下到脚趾或者从脚趾向上到头顶，将意念逐次集中到每一组肌肉上，让它们放松。

④ 合理安排时间。开始时，最好每天两次，每次 15~30 分钟，最合适的是早、晚各一次。

⑤ 务必做到持之以恒，坚持训练。

【小贴士】

渐进式放松法的过程

让球员坐在椅子上，取一个舒服的姿势。按照下列步骤做动作：

① 左手紧握拳，坚持 5 秒钟，体会你感觉到的紧张状况，然后放松，想象紧张从你的手指上消失，再重复练习，注意你的感觉。

② 左手紧握拳，左手臂弯曲使二头肌拉紧，坚持住，5 秒钟后，全部放松，感觉暖流沿二头肌流经前臂，流出手指。

③ 握紧双拳，双臂弯曲，使双臂全部处于紧张状态，保持姿势，体会一下感觉到的紧张，5 秒钟后放松，感觉一股暖流通过肌肉，所有的紧张流出手指。

④ 深呼吸三次，把全身的肌肉拉紧保持 5 秒钟，然后放松，重复练习。最后，进行正常的呼吸，享受你的身体和肌肉完全没有紧张的轻松感觉。

⑤ 放松和沉静，现在结束。深吸一口气，慢慢地睁开你的双眼，要感到生命的力量正通过你的双腿、腹部、胸部、双手、双臂和全身各部位，这种力量使你感到轻松和充满活力。

(2) 自生放松法

自生放松法是通过指导语诱发球员,使球员自身产生某种感觉体验,进而达到精神和身体放松的方法。这种方法主要在日常训练或赛后恢复使用。

目的:通过肌肉放松使精神松弛。

注意事项:同渐进式放松法。

【小贴士】

自主放松练习

自主放松要在自我指导语或他人指导语的暗示下缓慢地进行。让球员坐在椅子上,取一个舒服的姿势。按照下列常用的指导语做动作:

① 平静而缓慢地呼吸,你的呼吸很慢、很深;
② 你感到很安静;
③ 你感到很放松;
④ 你的双脚感到沉重和放松;
⑤ 你的踝、膝、关节、双脚、臀部感到了沉重和放松;
⑥ 你的双手、双肩、脖子、下巴、额部、腹部全部感到沉重和放松;
⑦ 你的整个身体都感到安静、沉重、舒适、放松;
⑧ 你的呼吸越来越深,越来越慢;
⑨ 你感到放松和安静,你的头脑安详、平静、非常清醒,感觉不到周围的一切;
⑩ 结束——放松和沉静,然后深吸一口气,慢慢地睁开双眼,你感到生命和力量流过自己的双腿、臀部、腹部、胸部、双手、双臂、颈部、头部,这种力量使你感到轻松和充满活力。

(3) 深呼吸放松法

深呼吸放松法是指球员首先使自己心神安静下来,采取舒适姿势,然后想象自己已置身于一个十分优美的环境之中,按照深吸气、长呼气等呼吸要点和方式来调理气息,配合呼吸,伴随着一定部位肌肉的运动和放松,最后达到全身肌肉放松的方法。

通过胸部的呼吸,可以增加呼吸量,使血液中的氧气含量更充足,使肺部的二氧化碳呼出得更彻底,还可以减少心脏和肺部受到的压力。因此,在面临紧张情况时做深呼吸,可使人全身放松,恢复镇定和平静,并且增加勇气与自信。

深呼吸放松法简单易行,不需要占用较长时间,是一种方便、有效的应急措施。在高尔夫运动日常训练或比赛之前采用,用来调整身心状态,减轻紧张情绪。

目的:通过呼吸方式的调节使肌肉放松。

注意事项:

① 在练习深呼吸时,可以闭上眼睛,以放松的姿势坐着或站着。

② 抬头挺胸,双肩放平。

③ 吸气时要深深地吸,把肺部尽量扩张;呼气时慢慢地呼,让呼气时间拖得稍长一点,一直到把肺部的残留气体差不多呼尽。

④ 尽量用鼻子呼吸。

【小贴士】

腹式呼吸法放松

球员在训练或比赛间隙,常采用腹式呼吸法放松。具体方法为:开始吸气时全身用力,此时肺部及腹部会充满空气而鼓起,但还不能停止,仍然要使尽力气来持续吸气,不管有没有吸进空气,只管吸气再吸气。然后屏住气息4秒钟,此时身体会感到紧张,接着利用8秒钟的时间缓缓地将气吐出。吐气时,宜慢且长不要中断。做完几次后,不但不会觉得难过,反而会有一种舒畅的快感。

2. 表象训练

表象训练也称想象训练、念动训练等,是指球员在日常训练或比赛中有目的地在头脑中想象击球动作、情绪状况或比赛场景,从而起到强化心理的训练方法。例如:高尔夫球员在击球之前,可以先在头脑中想象训练,过程如同"放电影",先想象击球时高尔夫球场周围的画面,再想象高尔夫球在球场的位置,接着想象自己如何针对球位来调整击球动作,最后想象自己将球击出。

(1) 表象训练的分类

表象训练分为两大类:内部表象训练和外部表象训练。

① 内部表象训练

内部表象训练是指球员运用内部视角,想象自己在进行击球,这时球员可以感觉到自己在进行击球。例如:在击球时的内部表象训练中,球员可以看到球场的环境、自己手中的球杆,可以感觉自己的肌肉活动,但不能看到自己的动作和视线以外的事物。

② 外部表象训练

外部表象训练是指球员运用外部视角,想象从外部看到自己在进行击球。球员可以看到自己瞄球、上杆、击球的一系列动作,这时球员是以一个观众的视角来观察自己的动作。

内部表象训练是以运动感觉为主,能够感觉肌肉活动。外部表象训练是以运动视觉为主,能够看清自身动作。在训练过程中,如果把两种表象练习结合起来,效果最好。

(2) 表象训练的实施

在表象训练的实施中,我们最注重的是两方面的训练:清晰性训练和可控性训练。

① 清晰性训练

在练习时,必须尽可能真实地、生动地进行表象演练,内容越真实对实际操作时的影响越大。

动作回忆练习

练习过程中,先进行击球练习。然后闭上眼睛,尽可能想象自己击球时身体不同部位的动作细节,表象从看到自己准备姿势开始,球员用眼睛的余光看向击球线,看到并感觉到自己上杆到顶点的动作,感觉到身体左侧在绷紧;感觉击球一瞬间,完美的触球;感觉身体重心继续向左移动,收杆重心移到左侧,右脚完全踮起;看到球打出去了,又远又直,刚好落到球道正中央;看到自己收起木杆,走向落球点准备下一杆的击球。

场景回忆练习

想象自己近期比赛或练习的球场场景,自己站在发球台上,可以看到球场内其他场景,看到球场的长短、宽窄,看到草皮平坦程度,同时感受到球场微风的流动,感受到阳光的照耀,动用你所有的感官,使各种感觉都融入你的想象中去,想象得越准确、越细致越好。

体会球杆重量练习

首先,想象自己右手正拿着一支7号铁杆,直臂慢慢向前方抬至与肩同高水平,体会手臂用力的感觉。接着,想象右手铁杆由一支变为两支,努力感受手臂增加用力的感觉。随着时间的推移,手臂感觉越来越重,越来越疲劳,仔细体会这种沉重感觉。然后再想象右手中球杆被同伴拿去,手臂变得轻松,慢慢放下手臂,手臂变得越来越轻松。

② 可控性训练

表象训练中起重要作用的另一要素,是球员对头脑中出现的图像,能够随心所欲地控制。

控制动作幅度练习

闭上眼睛,想象自己在进行击球练习,球员可以随时控制挥杆动作幅度。如在击球过程中,使球杆到顶点停住,看看自己在顶点动作是否正确;在击球瞬间停住,看看自己在击球瞬间杆头位置是否正确;在收杆位置停住,看看自己重心转移是否正确。

控制不同球杆练习

在头脑中想象自己运用不同的球杆,如1号木杆、7号铁杆、劈杆等球杆,做出不同的击球动作。看到、感觉到自己的动作,并观察自己击出的球正在向自己想要的落点飞去。

想象在困难比赛中的训练

想象自己在一场非常艰苦的比赛中,包括发球失误、球出界、球入水、球入沙坑等,让自己置身于这样的情境中,想象自己克服消极情绪,冷静地打出了漂亮的击球。例如,想象自己在攻果岭时,球落入果岭前的沙坑内,然后继续想象自己上杆击球,漂亮的一击,把球击上果岭。

表象训练有很多形式,可以运用语言暗示、放录音引导和看录像等方法来进行。由于电化教学条件的改善,可以利用拍摄好有关运动技术的录像,播放出来供练习者观看。练习者在看完录像后,先闭眼放松,然后把刚才看过的十分完好的动作影像在大脑中重新"过一遍",这样反复多次进行,较为有效。表象训练的内容主要是正确的动作技能及其完成过程,但也可以是有助于身心放松的某些情景性内容。

3. 注意集中训练

注意集中训练是球员有意识地指向和集中于一定的目标,以提高专注能力的练习方法。

训练过程中,球员将注意力全神贯注于一个确定的目标,使注意不为其他念头所分散。球员对注意力控制逐渐变强能使球员排除内外因素的干扰,防止分心和伤害事故的发生,促使击球动作较好完成。比赛中对球员的干扰因素主要来自外部刺激和内部刺激,例如:对手、观众、环境的变化这是外部刺激,自我怀疑、焦虑、疲劳这是内部刺激。球员在比赛时,不能被干扰因素影响,必须在每一次击球前,调整好自己的注意力,不能把注意力停留在上一次击球上。

(1) 积极目标训练

球员给自己设定一个自觉提高自己注意力和专心能力的目标,就是从开始做某件事时,要比过去善于集中注意力,一旦开始做事,能够迅速地集中注意力不受干扰。比如,球员如果对自己的要求是:要在高度注意力集中的情况下,将每一次沙坑球打好,那么无论你击球上一杆是在开球,还是在推杆,一旦开始沙坑救球,注意力就一定要特别集中,努力打好这一球。当你有了这样一个训练目标时,注意力就会高度集中,从而排除干扰。

(2) 动作自动化训练

掌握了扎实的高尔夫击球技术,球员在击球过程中就不需要在击球动作上给予太多的注意,直接以自动化的形式进行击球,并根据实际情况去选择击球策略。因此,使高尔夫击球动作自动化,对球员注意力的集中特别重要。

(3) 对身体感官的训练

身体感官训练,是指球员在训练过程中对视觉、听觉等身体感官进行训练;这种感觉上的专心训练是进行注意力训练非常有用的技术手段。

① 利用视觉集中注意力训练

这是利用视觉注视某个目标,练习和提高注意力集中能力的方法。例如,球员拿一个高尔夫球,把它放在自己面前,盯着它看,把注意力完全集中在球上面,让自己的脑子里只有球,并尝试着逐渐增加训练的时间。

② 利用听觉集中注意力训练

这是利用听觉,练习和提高注意力集中能力的方法。球员听到或想到某种声音,如球场上的鸟叫声,并让自己的脑子里只有这一种声音。如果球场还有其他声音响起,尝试着忽略它,让自己的注意力全部集中到鸟叫声上来。

(4) 利用呼吸集中注意力

这是球员利用意识对呼吸动作的调节,将大脑和身体活动有机联系起来,练习和提高注意集中能力的方法。球员在进行注意力集中练习时,要将注意力指向于呼吸的动作和过程,用意识去感受呼吸的动作和气体的出入。逐步使呼吸深度加强、呼吸次数增加,伴随着的注意程度要越来越深入。反复练习后,将使集中注意力的能力提高。

(5)利用想象集中注意力

这是利用想象,将意识集中在注视和形象回忆上,以练习和提高注意力集中能力的方法。例如,球员想象在击球的整个过程中,始终将注意力集中到身体的某个部位,感受这个部位的姿势、发力等,逐步延长感受的时间或变换感受的部位,以提高注意力。

(6)利用暗示集中注意力

球员在训练或比赛过程中,采用语言或行动进行暗示,进而练习和提高注意力集中能力的方法。

① 语言暗示法

球员不能很好地集中注意力,通常会在某个技术环节或某个行为中表现出来。比如,击球时转肩不够、肌肉紧张等。这时,球员就可以把注意力专注于影响自己的具体环节上,并采用暗示语的形式反复提醒自己,如每次击球之前反复暗示自己"转肩"、"放松"。

② 行为提示法

球员在击球之前,采用一些小动作,给身体一个注意力要集中的提示。如在击球之前,重心向右稍移、左手拇指稍稍用力,在身体提示下,球员就知道需要集中注意力击球了。

(7)利用干扰条件来锻炼注意力

在嘈杂环境中完成击球任务,以此来锻炼注意力。例如,在击球训练中,播放一些嘈杂的音乐,或组织"观众"亲临现场,在有干扰的条件下进行训练,提高"闹中求静"的能力。

4. 提高感知觉训练

感知觉是指由球员感觉器官对来自身体内外的刺激做出的相应反应,是进一步理解高尔夫运动知识、技术、技能的基础。如眼睛看到球、球杆;耳朵听见风声、音乐声;皮肤接触球杆;感受到自身击球动作等。高水平的感知觉是由多种分析器的协同活动产生的,依靠视觉、听觉、肤觉、肌体觉、运动觉、平衡觉等,来接受外界刺激或自身的信息,然后做出相应的反应;有的甚至还会有记忆、思维等心理活动同时参与。各种心理活动作为一个整体,其实是不能截然分割开的,它们总是彼此融合、交织在一起的。

(1)对自身的感知觉训练

如击球过程中对身体各部分(躯干、四肢、头部)所处位置的感知,用力大小、节奏的感知、重心转移的感知等,培养球员在不同阶段对身体的掌控能力。可以说,对自身运动的感知,是完成身体运动的前提。

(2) 对球的感知觉训练

对球的大小、轻重、形状、弹性、软硬、颜色、光滑、旋转程度感知,以及对球在空间运行的速度、高度、方向等变化感知,培养球员的"球感"。

(3) 对球场的感知觉训练

只有对球场大小、坡度陡缓、距离远近的感知有了深刻而准确的了解,才能采取合理的策略进行击球。

(4) 对天气的感知觉训练

主要指对正常天气、大风天、雷电、雨天,以及高原和寒暑气候等的感知觉。

(5) 几种特殊感知能力的训练

① 方位感知的训练

方位感知能力,球员对自身的方向和位置认识与判断能力。这一能力对于高尔夫球员来讲尤为重要。

例如,球员在不同的环境里,用睁眼和闭眼的方法练习辨识自己所在位置和所面临的方向,迅速地判断出东、南、西、北的具体朝向,前、后、左、右的具体位置。然后,由静态变为动态进行练习,转动自己的身体,主动地命令自己转若干度,或转至什么方向,久而久之,就会对平面的方位知觉有一个新的飞跃。

② 距离感知的训练

距离感知能力,是指对水平距离的目测判断能力。这一能力的训练,应先从近向远逐步地进行。即先训练对短距离的感知训练,如 10 码、20 码、30 码,然后再逐步扩大到 100 码、150 码、200 码的感知训练。

a. 在球场或练习场,先让球员预判某两点之间的距离,然后,再进行实地测量,进行验证,最后把测量结果反馈给球员。球员将预判距离和测量距离进行比较,找出其中的差距,再进行新一轮的预判。这样可对球员正确的距离感知给予积极的肯定强化;对不正确的距离感知进行消极的否定分化。这样的训练一定要反复多次进行才可见效。

b. 球员先测量出自己正常走路时一步距离的长度,作为标准,然后在操场、道路等地任意预判两点距离,再用自己的脚步进行测量,将预判和测量进行对比,也可以起到训练距离感知的作用。

5. 意志品质训练

意志是球员为了达到既定目的,在行动上表现出来的自觉克服困难的心理过程。球员的意志品质不是天生的,而是在后天训练、比赛过程中锻炼出来的。培养良好意志品质的方法有以下几种。

(1)确定合理奋斗目标

让球员了解高尔夫运动训练或比赛的目的和任务,使球员根据自身情况制定自己的奋斗目标,从而使球员能够自觉地调动自己的毅力,积极顽强地去完成任务。

(2)克服客观困难训练

安排球员在不同的负荷大小、练习难度和气候环境下,进行训练。安排意志品质训练,遵循循序渐进的原则,先安排难度较小的训练,随后不断增加训练难度,促使球员在困难中寻找解决问题的方法,培养球员与困难作斗争的决心和毅力,增强球员独立克服困难的能力。

【小贴士】

球员在不良的气候条件下训练,如逆风、光照、高温、下雨、冰冻等气候条件下,提高队员对各种气候环境的适应性,培养在恶劣条件下调整自我心理的能力,克服消极情绪能力,更好地磨炼自己的意志。

(3)对球员果断性的训练

主要是指球员在处理一些复杂问题的时候,例如球入沙坑、球入水及其他特殊情况,要求球员能迅速果断地做出选择,培养当机立断的品质。

(4)对球员自制力的训练

自制能力是球员的重要品质之一。指球员在球场遇到挫折的情况下,能克服外界干扰,保持稳定的情绪,充分发挥自身水平。在训练中,主要采用自我鼓励、自我命令、自我说服等方法,使球员养成自我控制的习惯。例如:比赛中,在球员击球时,有观众恶语相向,就需要球员能克制自己,按照既定策略完成击球动作。

6. 生物反馈训练

生物反馈训练是一种消除紧张情绪的训练方法,它通过现代仪器将球员的生理过程的信息提供或反馈给球员本身,使球员即刻知道自己生理机能状态,如心率、血压、肌肉紧张度和脑电波等,从而使球员在意识调节下通过反复训练学会控制自己的生理机能,消除紧张情绪。通过生物反馈训练,球员学会在训练和比赛中控制自己的情绪,便能更好地发挥自己的技术、战术水平,同时也能有效地治疗一些心理疾病。

(二)比赛心理训练

1. 目标设置训练

目标设置是指球员确立运动目标、制定成绩标准的过程,这是一个重要的动机过程。一旦球员为自己设置了一个运动目标并承诺要实现该目标,那么球员就会注意到自己的实际击球水平与目标水平之间的差异,这种差异促使球员采取行动,以减少目标与现状之间的差距。因此,目标的存在本身就具有激励作用,球员所设置的目标决定着他在活动中如何分配自己的注意力以及争取良好表现的努力程度,进而影响着他的实际运动水平。

(1)目标设置的原则

① 设置短期与长期相结合的目标

长期目标是球员对训练、比赛过程的总体规划。短期目标是将长期目标进行细化,形成的具体的、便于完成的目标。与长期目标相比,短期目标更容易达到,能够使球员在练习过程中不断体验成功的感觉,获得满足感,从而提高球员的自我效能感。

要实现长期目标,就必须以短期目标为基础。短期目标与长期目标的关系就好像我们上楼梯一样,长期目标是楼梯的顶端,短期目标就是一个一个的台阶,我们要到达顶楼,就必须一个台阶一个台阶地攀登。

【小贴士】

为某球员在训练过程中设置的短期目标和长期目标。

短期目标:在挥杆击球的练习中,把问题分解成一个个小段,一次解决一个问题,提高动作的稳定性。

长期目标:在两年后某地区性比赛中夺取前三名。

② 设置具有高水平但可以实现的目标

确定适合的目标是球员走向成功的第一步,球员的目标设定过高与过低的目标都不能对自身产生激励作用。如果目标设置过高,不容易实现,容易使球员产生挫折感。如果目标设置过低,轻而易举就能实现,对球员的技能提升没有太大意义。而挑战性目标,即高水平但又比较现实的目标,对球员行为具有促进作用。因为该目标的实现,既可以使球员看到自己具有较高的能力,又可以使他们看到自己的能力有进一步发掘的潜力、有进一步提升的空间。因此,制定目标时,球员应根据自身实际能力设置难度适中的目标任务。

③ 设置明确的、可测量的目标

在训练或比赛中要确定具体的目标而不是模糊的目标。

【小贴士】

教练员在比赛前对球员说"第一洞难度较小,必须打个小鸟球"。"打小鸟球"似乎就是教练员设置好的目标,但"小鸟球"究竟该怎么打,却非常模糊,这就是目标设置中的一个缺陷。具体的目标应该是量化的,如:第一洞是个五杆洞,第一杆必须打280码上球道,第二杆要上果岭,果岭上争取推两杆进洞,打出小鸟球,完成击球目标。

④ 设置任务定向和自我定向相结合的目标

任务定向是指球员进行纵向比较,将自己目前的运动成绩与过去的运动成绩比较。球员只要全力以赴超越过去的成绩,就会取得成就感。

自我定向是指球员进行横向比较,将自己的运动成绩与他人的运动成绩比较。只要超过他人,球员就会取得成就感。

通过比较这两种目标设置,我们可以看到,任务定向是球员将注意力集中在训练的过程上,而不是训练的结果上。所以,任务定向是我们可以把握的,不容易受到对手影响。自我定向注重竞争,最关心的是个人能力水平的高低,是以他人为标准来判断成功与失败,这是我们不能把握的;但自我定向目标,又是球员无法回避的,因为第一名只有一个。因此,球员在日常训练中应多采用任务定向目标来提高自身对运动的注意,采用自我定向目标来维持一个长期的训练动机。

⑤ 要确定实现目标的具体计划

目标设置好了,还必须有相应的计划来实施。就好比球员要从武汉去上海打球,还得计划好从哪里出发、怎么走等。

【小贴士】
　　球员要将7号铁击球距离由140码增加到160码,这就是一个明确的目标,那又该怎样来实现这个目标呢？或者说球手实现这个目标该采取哪些策略呢,这就是具体计划。

（2）目标设置的步骤
　　① 在目标设置前,球员通过自身总结、与教练员交谈及与其他球员讨论等方式,尽可能收集多方面信息。例如,实现目标可能会遇到哪些困难、采取哪些有效的策略克服这些困难、最终如何实现目标等,为确定合理、清晰的训练目标打下基础。
　　② 根据收集的信息,确定高尔夫训练的目标,并制订一份详细的计划。计划包括球员达到目标的周计划、月计划以及年计划。还应包括球员为达成目标采取的策略、达成目标的期限、达成目标后的自我奖励等。
　　③ 根据制订的计划,开始高尔夫各项技术及心理训练。在训练过程中,应随时根据球员的实际训练情况进行总结,纠正各种错误,提高训练效率。
　　④ 一旦达到短期目标,就自我奖励,然后转到下一个短期目标,同时自问如何在下次做得更好。
　　⑤ 根据自身实际情况,不断更新目标,直至完成最终目标。

2. 模拟训练
　　模拟训练是指针对高尔夫比赛中可能出现的情况或问题,提前创设与比赛相似的环境进行实战演练的训练方法。模拟训练是进行模仿、演示,使球员适应实战的一种针对性、适应性的训练。科学的模拟训练,能够消除球员在比赛中可能产生的不良反应和心理障碍,保证球员在比赛中处于良好的生理及心理状态,促使球员技术、战术能在千变万化的比赛环境下正常发挥。

（1）模拟训练的分类
　　通常可分为实战情境模拟和言语图像模拟两大类。
　　实战情境模拟,就是在训练中,尽可能创造与比赛条件相同或相似的情境,如场地、气候、观众和比赛对手等。在这种模拟训练过程中,可以人为地安排模拟实战,也可以利用一些客观条件,如各种气候、环境等,去安排模拟训练。
　　言语图像模拟,是利用言语描述或图像示意高尔夫比赛时的实际情况,如观看有关比赛录像和讲述比赛中可能发生的各种事件等,在球员心理上造成比赛氛围，使球员提前适应的训练方式。

（2）训练方法

① 模拟对手

让同伴模拟对手的各种活动，使球员更加细致地了解对手的技术战术特点，并由此制定合理的应对策略。如果有条件，还可以借助视频录像，进一步了解和分析对手，能够起到更好的效果。

② 模拟观众

在正式比赛时，观众的语言和行为会给球员带来干扰和压力，使球员在击球过程中有可能紧张和分心，从而造成击球失误。如果在赛前组织"观众"，模拟观看比赛场景，在球员击球过程中，有意发出各种声音，如喝彩声、倒嘘声等，有利于培养球员抗干扰能力和适应能力。

③ 模拟环境

模拟不同环境，如不同气温、天气、气压、风力下的比赛场景，提高球员在不同环境下进行比赛的能力。

④ 模拟特殊情境

如特定的比赛情境（特殊球位处理、击球失误、球出界、球落水）和动态比赛情境（比赛领先、比赛落后），通过对不同时期比赛情境的模拟，提高球员在比赛出现不同状况时的适应力。例如，对沙坑球处理不好的球员，可以在比赛前，多模拟处理沙坑球的情境，越是困难越是应该冷静处理，培养球员顽强的意志。

3. 思维阻断法

思维阻断法，又称思维停止法或思维控制法，主要用于球员控制自我挫败（不合理）的思维和表象，它特别适用于反复思考过去的事件以及反复出现一些无意义思维活动的球员。如：有球员在打了界外球后，在脑中持续出现为什么会打界外球、自己错误动作在哪里等不利想法，严重影响球员接下来的击球。

当球员出现消极思维时，感到心理紧张时，可以大吼一声，或者向自己大喊一声"停止"，去阻断消极驱动力的意识流，以积极思维取而代之。球员还可以采用一个响亮的信号或者可以代替消极思维的积极可行的行动，来阻断消极思维。在实际应用时，要反复使用这一方法，直至在"停止"暗示和强迫思维之间的联系得以强化。

在运动情境中,思维阻断法包括以下六个步骤:

(1)正确认识

当球员遭受自我挫败思维的缠绕和折磨,并愿意改变这些思维模式时,首先应使自己意识到这些消极思维对自己行为的消极影响。

(2)了解思维阻断法的理论模式

任何一种心理控制技能,均需以一定的理论为基础。应该让球员了解到思维阻断就是身体对突发事件的一种反应,只有这样,才能使他们自愿地采用这一训练技能。要求球员通过描述一次最近的突发反应事件来理解应急的理论模式,描述的内容应包括情境、认知和行为等。可以通过询问一些问题让球员描述某一特定的成分(如"你的脑中考虑什么问题"),使球员明确每一成分及每一成分之间的相互关系,进而理解干预技能的作用。

(3)公开地打断

在日常训练中,先由球员自己故意集中无意义思维活动,然后先由教练员、同伴或球员自己大喝一声"停止"来打断球员的无意义思维活动。

(4)隐蔽地打断

接下来,就需要体会隐蔽打断的方法。训练中,球员故意让无意义思维活动和表象出现在头脑中,然后,自己在心中对自己大声说"停止"来打断不利思维。在比赛过程中,一般都是采用隐蔽打断的方法。

(5)以自信、积极和中性的思维替代消极性思维

当球员通过说"停止"这样的方法打断了消极性思维活动后,应立即在头脑中出现积极的思维活动。

(6)坚持训练

一旦球员学会了思维阻断法,就应在日常训练中坚持每日练习,要求球员每当在脑中出现消极性思维活动时就练习思维阻断法。

4. 暗示训练

暗示训练是指利用语言、手势、表情或其他暗号,对球员心理施加影响,进而影响球员行为的过程。

经研究表明,自我暗示能够提高球员动作的稳定性和成功率。根据高尔夫比赛的特点,可适时运用暗示的方法,把球员对比赛名次及多方面的焦虑和担忧,转移到正确运用技术和提高自信上。这样会缓解球员比赛和训练中的紧张情绪,从而正常发挥技术水平。

【小贴士】

　　苏联足球教练拉西莫夫曾长时间帮助中国四川足球队进行训练。他在带每次训练课之前,总是有这样几句话:"今天大家的精神很好"、"我看大家今天都很愉快"、"今天大家的脸就像刚出来的太阳"或"大家的脸像今天的天气一样好"、"今天的训练很轻松"等。这是用暗示调节法激励球员训练的热情。他带的训练课,球员的情绪都十分高涨,训练质量和训练效果也很好。

　　(1) 暗示训练分类

　　暗示训练可分为自我暗示和他人暗示。将自我暗示和他人暗示结合起来,可以取得更好的效果。高尔夫球员在比赛前要多进行自我暗示,提高自信心,坚信自己能超水平发挥。

　　(2) 暗示训练程序

　　① 找出球员在比赛中经常出现的消极想法,例如:击球时,碰到难打的球位,容易产生消极思想——"这个球我打不好"。

　　② 正确认识这些消极想法。

　　③ 确定取代这些消极想法的积极暗示语,如"我能行"、"我能打好"。

　　④ 在训练时不断重复确定好的积极暗示语,养成积极的态度和良好的习惯。

　　⑤ 在比赛时,教练员要尽量采用积极暗示语来提醒球员,避免使用消极词语。同时教练员还应尽可能运用自己的手势、姿态、脸部表情和眼神,来传递暗示信息,鼓励球员。

　　(3) 注意事项

　　① 对球员的暗示过程中,暗示人权威性越高效果越好。

　　② 暗示语不要太多,最好每次一到两个,否则会降低暗示的效果。

　　③ 句子应简短有力,不要太长,太啰唆。

　　④ 在训练或比赛时,教练员应尽量用积极语言,避免使用消极词语。表6-1中是一些积极暗示语和消极暗示语的示例。

　　⑤ 暗示语不要模棱两可,要确定。

　　⑥ 暗示语要有可行性。

表 6-1　积极暗示语与消极暗示语

消极暗示语	积极暗示语
我不紧张	我很镇静
我还没有疲劳	我充满力量
这些观众真讨厌	观众在为我加油
落后那么多,要输了	比赛还没有结束,我还有机会
别紧张,别着急	放松,稳住
千万别打到水中	我一定能打好

5. 合理情绪训练

情绪是很复杂的心理现象。在高尔夫运动训练或比赛中,经常因为发生一些意外事件,使球员的情绪产生变化。例如,好的天气会产生愉悦情绪,失误易产生急躁情绪。积极的情绪会使球员动作更加流畅,使技术、战术能正常或超常发挥;不良情绪会使球员动作紧张,进而导致技战术动作失常。所以,情绪对技战术的发挥尤为重要,它是一柄双刃剑,使用好了,它会使球员进步,处理不当,它将成为球员的噩梦。合理情绪训练的方法主要有:

(1) 转移法

转移法,是当球员出现不良情绪时,把注意力转移到愉快的事情上去的方法。当球员认识到不良情绪不可避免时,要尽快、尽可能积极主动地将自己的注意力转移到那些最有意义的事情上去,转移到最能使你感到自信、愉快的事情上去。例如,产生不良情绪时,可以与球童谈谈好的天气等有趣的话题,通过聊天来转移注意力。这种方法的关键是尽量减少外界不良刺激的输入量,尽量减少它的影响和作用。

(2) 音乐调节法

在赛前,球员如果产生不良情绪,选一段轻音乐或喜爱的歌曲听听,往往能起到调节情绪的良好效果。不同的曲调会使球员产生不同的情绪感受,因而可以根据球员各自不同的个性特征、情绪状态,有选择地欣赏乐曲。例如,优美的乐曲可以使人血压正常、肌肉放松、脉搏跳动减缓。所以,当球员感到心情烦躁、焦虑紧张时,可选择旋律优美、柔和、悦耳的乐曲;感到忧郁消沉时,可欣赏节奏鲜明、雄壮有力的乐曲,这些都可以调节情绪。

不同音乐对球员具体情绪的影响如表 6-2 所示。

表6-2 不同乐曲与情绪体验的关系

情绪体验	作曲家	曲名
疲乏	维瓦尔第	大提琴协奏曲:《四季》(春)
	德彪西	管弦乐组曲:《大海》
	韩德尔	组曲:《水上音乐》
不安	巴赫	幻想曲和赋曲(G小调)
	圣桑	交响诗:《死亡之舞》
	斯特拉夫斯基	舞剧组曲:《火鸟》(第一乐章)
厌世	韩德尔	清唱剧:《弥塞亚》
	贝多芬	第五号交响曲:《命运》(C小调)
	柴可夫斯基	第六号交响曲:《悲怆》(D小调)(第一乐章)
忧郁	莫扎特	《第四十号交响曲》(B小调)
	西贝柳斯	《忧郁圆舞曲》
	格什温	《蓝色狂想曲》(第二部分)
急躁和渴望	韩德尔	组曲:《焰火音乐》
	罗西尼	歌剧:《威廉·退尔》(序曲)
	鲍罗廷	《鞑靼人的舞蹈》
明朗轻快	巴赫	《意大利协奏曲》(F大调)
	小约翰·施特劳斯	圆舞曲:《蓝色多瑙河》
	比才	歌剧:《卡门》
畅快	巴赫	《勃兰登堡协奏曲》(第三首)(G大调)
	格里格	组曲:《彼尔·特金》(潮)
	门德尔松	第三号交响曲:《苏格兰》(C小调)
增强自信	贝多芬	第五号钢琴协奏曲:《皇帝》(降E大调)
	瓦格纳	歌剧:《汤毫金》(序曲)
	奥涅格	管弦乐:《太平洋231》

续表

情绪体验	作曲家	曲名
催眠	莫扎特	《摇篮曲》
	门德尔松	《仲夏夜之梦》
	德彪西	钢琴奏鸣曲：《梦》
增进食欲	泰勒曼	《餐桌音乐》
	莫索尔斯基	《图画展览会》（拉维尔编曲）
	莫扎特	《嬉游曲》

（3）自我激励法

自我激励法，是指球员通过积极的行动和语言激励自己，从而达到自我鼓励、自我说服、自我命令目的的方法。例如，在训练或比赛过程中，可时时激励自己："我能打好这个球"，"我一定能把这个球打上果岭"。

（4）合理情绪想象法

合理情绪想象法，是指球员通过想象来体验不利情境，用想象来代替现实，并在想象中去强化积极情绪，反复进行想象，逐步消除不良情绪的方法。这种方法在日常训练中可以经常采用，会起到增强训练效果的作用。

（5）合理分析法

合理分析法，是指球员运用理性思维对不良情绪进行分析，从而树立合理思维方式，消除不良影响的方法。

以球场上焦虑情绪为例，当这种情绪产生时，如果球员当时不讲究方法，只想把焦虑压制住，然后拼命摆脱这种感受，可能会"火上浇油"。球员越是努力消除焦虑情绪，这种感受越是顽强地扩大。这样球员就会不知不觉地陷入一种"脾气越来越躁"的怪圈，无法摆脱。对于这种情况，我们可以采取合理分析法，其步骤为：

第一，让球员自己总结产生不良情绪的诱发原因，例如：当球员产生焦虑情绪时，先要使自己保持清醒的头脑，不要想着去控制住这种感受，而是要找到产生焦虑的原因，是天气原因、错误动作原因还是观众嘈杂的声音原因等。

第二，运用合理分析法使球员认识到不良情绪的形成，是由于不正确的思维产生的。例如：在比赛中，如果天气差，球员可能认为会影响自己的挥杆，从而导致比赛失败，产生焦虑情绪。要使球员在第一时间认识到这种想法本身的狭隐性。

第三,学会用正确的思维方式来替代不正确的思维方式。例如:恶劣的天气比赛时,球员应该这样思考,任何球员所面对的环境都是一样的,遇到的困难也是一样的。只有调整心态,放松击球,才有可能较好地发挥,最终才可能取胜。

6. 合理归因法

归因,是指球员按照因果关系确认比赛成功或失败的原因的过程。

(1) 归因的分类

归因主要是由三维度模式:稳定性维度(稳定的和不稳定的)、归因性维度(内部的和外部的)和可控性维度(可控的和不可控的)构成的。根据这个三维度,又可将归因分为8种类型:

① 心境——不稳定的内部因素;
② 能力——稳定的内部因素;
③ 运气——不稳定的外部因素;
④ 任务难度——稳定的内部因素;
⑤ 别人稳定外部可控的努力;
⑥ 别人不稳定外部可控的努力;
⑦ 本人稳定内部可控的努力;
⑧ 本人不稳定内部可控的努力。

(2) 合理归因

经常胜利者,通常把稳定可控内部的本人努力和稳定不可控内部的努力看做胜负最重要的决定因素;而经常失败者,常常把不稳定不可控的外部因素"运气不好"或稳定不可控的内部因素"我根本打不赢",看做自己失败的原因。

在高尔夫比赛中,有成功者就会有失败者,有经验的教练员和球员常常都会在赛后做好归因工作,从中获得有益的反馈,以便改善下一步的训练与比赛工作。

【小贴士】

一个训练有素、经验丰富的球员在偶然失利后,把暂时失败归因于稳定可控的内部因素"自己努力不够"或被别人控制的稳定的外部因素"对手超水平发挥"等,预示这种失败会在以后的比赛中得到改变。

（3）步骤

① 赛后，球员自己或在教练员的帮助下稳定情绪；

② 对球员比赛实际情况进行客观分析；

③ 作出合理归因。

二、高尔夫运动心理训练的程序

（一）基本程序

1. 使球员真正相信高尔夫运动心理训练

要进行高尔夫运动心理训练，首先应该通过讲解、成功案例分析、实际体验等方法，使球员相信高尔夫运动心理训练对他们获得的优异运动成绩，起着至关重要的作用。同时，要使球员认识到心理训练是以生理学和高级神经活动学说为理论依据，其方法是科学的、合理的。

2. 使球员真正认识高尔夫运动心理训练

通过高尔夫运动心理学基本知识的讲解、高尔夫运动心理训练视频、高尔夫运动心理训练实际演练等方式，使球员真正了解各种高尔夫运动心理训练方法；并通过讲解和事实分析阐明心理训练的重要目的强化球员的心理技能，培养抗压能力，并告诉球员那种寄希望于心理训练能立竿见影、马上奏效的想法是不现实的。心理训练不仅是一个认识过程，还是一个必须认真实施的系统工程。

3. 帮助球员制订合理的高尔夫运动心理训练计划

要使球员认识到，仅仅熟悉高尔夫运动心理训练是远远不够的，在进行高尔夫运动心理训练之前，还需要明确心理训练的目标，如应解决哪些心理问题，应从哪方面去培养心理能力等。然后根据目标制订出合理的训练计划。

球员应该在一个训练过程开始之前制订出完整的训练计划，同时还应该对于训练过程中可能出现的主客观条件的变化做出尽可能准确的预测，并力求设计好调整对策，只有这样才能保证后期训练顺利完成。

4. 在训练过程中学会坚持

高尔夫运动心理训练过程是一个长期的过程，在实施中要坚持系统性，切忌半途而废。

高尔夫运动技能，如发球技术、沙坑杆救球技术等，需要千万次的重复训练，才能达到炉火纯青，在比赛中发挥出效力。同样，任何一项心理调控的技术，如焦虑水平的调控能力、注意力的调控能力、动作表象的能力等，也必须经过千百次的训练，才能在比赛中发挥效力。因此一名没有任何高尔夫运动心理训练基础的球员,很难在比赛中取得好成绩。

所以,当球员在高尔夫运动心理训练过程中碰到一些不利因素,如时间少、身体疲劳或心理训练尚未立即见到效果,这时千万不能半途而废,要学会分析原因,寻找对策,否则会造成前期的心理训练成果前功尽弃。

5. 用科学的方法正确评价高尔夫运动心理训练

在高尔夫运动心理训练过程中,教练员可以运用科学的手段不断把心理训练对球员身心影响和作用客观评价和显示出来,及时反馈给球员。只有不断评价心理训练过程,才能科学监测心理训练的实施过程,不断获得进步。

6. 高尔夫运动心理训练的收获和总结

高尔夫运动心理训练一个阶段后,球员检查自身心理技能的增强程度。回忆心理训练过程中的情境,根据自身实际情况合理分析、评价心理训练方法,总结出哪些训练方法更适合自己,哪些方法还有改进的地方,争取在下一阶段的心理训练前,找到更适合自己的心理训练方法。

(二)心理训练实施程序举例

以一般心理训练为例:

1. 第一阶段

① 球员和教练员双方相互认识、相互了解。

② 教练员向球员介绍心理训练方法基础知识及可以取得的成果。

③ 球员根据教练员的介绍,决定是否接受心理咨询和心理训练的帮助。

④ 球员提出自己存在的心理问题以及希望教练员帮助解决的主要问题。

⑤ 双方建立相互信任的关系。

2. 第二阶段

① 教练员针对球员第一阶段提出的心理问题,给予咨询和建议。

② 教练员根据球员实际情况,与球员共同讨论并制订心理训练计划。

3. 第三阶段

① 做1~2项比较简单的心理测试。

② 听1~2种心理训练的录音磁带。

4. 第四阶段

① 反馈给球员上次心理测试的结果分析。

② 做新的心理测试项目。

③ 开始实施心理训练,做好生理指标的测试。

④ 采用PROCOMP生物反馈测试分析系统测出并留下心理训练前的数据。

5. 第五阶段

① 反馈上次心理测试的结果分析,并给予必要的咨询。

② 按计划进行必要的心理测试。

③ 按计划进行系统的心理训练。

6. 第六阶段

① 按第五阶段的内容进行一段时间相对固定程序的心理训练。

② 在训练进行过程中,根据具体情况采取进一步的策略,增加其他的训练程序。

③ 定期(一般为每两个月)采用生理心理指标检测球员心理训练的情况。

7. 注意事项

① 心理咨询:开始时约需2~3次,之后依需要进行。

② 心理测试:穿插进行,约需4~5次。

③ 心理训练一般情况计划如下:

a. 放松训练——采用他人暗示诱导法(现场暗示或录音磁带),约需时2~3个月;

b. 自我放松表象训练——采用他人或自我暗示法进行,约需2~3个月;

c. 模拟训练——结合运动项目特点和比赛实况制定模拟内容,配合语言提示进行;

d. 其他心理训练依据球员的具体情况和实际需要来安排;

e. 整个心理训练过程应定期采用生物反馈技术配合实施。

高尔夫球员的心理训练是一项长期复杂的系统工程。教练员和球员必须在训练过程中不断总结、敢于创新,并把心理训练贯穿到日常生活、训练和比赛中去,增强球员自觉从事心理训练的意识,就一定能使心理训练更加成功,更加有效。

三、高尔夫运动训练与竞赛中常见的心理障碍及训练方法

(一)高尔夫运动训练与竞赛中常见心理障碍

在训练或比赛过程中,由于内部刺激和外部刺激的增强,使得球员自身心理压力变大,其表现形式为:情绪紧张、动机不端正、盲目自信、态度消极等,使球员在训练或比赛过程中运动机能下降,无法正常发挥自身技术水平,导致训练失败或比赛失利。因此,调节和控制心理活动,克服心理障碍,正确实施心理训练是教练员和球员都必须关注和解决的问题。

1. 动机障碍

动机障碍是指最适宜动机水平以外的其他动机状态。

① 动机水平过高,会引起机体兴奋性过高,使球员注意力分散情绪不稳定,产生自大自满、盲目自信、对自我动作要求过分完美等不良情绪;击球过程中,难以控制动作,造成球员动作质量下降等不良反应发生。

② 动机水平过低,又表现为不能充分调动主动性、积极性,导致机能潜力发挥不足,产生犹豫不决、信心不足、缺乏动力等不良心态,心理能量得不到充分动员,造成球员运动水平降低。

2. 情绪障碍

在高尔夫运动情绪障碍中,最常见的是过分紧张和焦虑情绪。一般来讲,适度的紧张有助于激发球员训练或比赛的主动性和积极性。但如果球员对赛后社会评价、比赛时观众的情绪、自己击球失误以及竞赛对手的水平不能正确对待或估计错误,便会产生恐惧、担心、紧张、焦虑等情绪,从而导致身体肌肉群的协调性受到影响,使球员在发球、切杆和推杆时的准确性受到影响。

这种由紧张和焦虑情绪引起的情绪障碍,一般在赛前由于等待应激刺激来临而产生的情绪反应程度较高,赛中因心理能量的释放,会向着有利的方向发展,不良情绪会有所缓解。赛后的情绪状态与比赛结果有关,如果结果不良,接下来的比赛中,紧张和焦虑的情绪将会上升。

3. 心理饱和障碍

在高尔夫比赛中,一场 18 洞的比赛至少需要 4 个多小时,球员长时间花费极大心力进行高尔夫击球,需要高度集中注意力、灵活的思维反应、精细的感知、敏锐的观察,疲劳状态长时间得不到缓解、放松,便会形成心理饱和状态,进而产生厌倦、匆忙毛躁等不良情绪,甚至产生逃避参加比赛和厌倦训练的心理。这种心理状态,对球员击球能力的发挥有很大影响,破坏训练和比赛的动机,影响技术战术水平的正常发挥。

4. 激活障碍

在比赛前的过度训练、生理疲劳、心理准备不足、动机过高或过低、环境压力过大等因素,都会引起激活障碍。当激活不足时,球员往往表现出冷漠、抑郁、精神涣散、注意力不集中、厌恶等情绪特点;激活过度时,则表现为紧张、焦虑、慌乱、亢奋等情绪特点。激活不足或激活过度,都会干扰高尔夫竞技水平的发挥。只有激活水平正常时,球员才可能处于信心十足、头脑清醒状态,能迅速适应比赛环境、发挥自身技能水平。

5. 攻击障碍

攻击障碍,是球员在训练或比赛中产生的重要心理特征及行为。在比赛时,球员精神紧张、绷紧,时时以对手为攻击对象并处于全力拼搏和进攻性冲动状态之中。但是,球员的攻击行为受到特定比赛规则的约束,如果在比赛中欲达到的目的未得达到,他们往往采取过大的攻击行为发泄自己的不满情绪,而使局面更不利于自己。假若这种攻击性得不到充分宣泄和释放,他们会把攻击欲望带到比赛之后,这时攻击的矛头可能指向自己、球童、观众或球杆等,常常听到有球员因击球失误,胡乱发脾气甚至摔坏球杆,就是这个原因引起的。这种不正常的心理障碍,无论对于球员进行训练,还是参加竞赛都十分不利。

(二) 克服心理障碍的心理训练

1. 增强比赛自信心的心理训练

(1) 明确比赛动机

激发球员良好的比赛动机,是增强自信心的重要因素之一。球员参加比赛的动机是多种多样的,同一个球员参加比赛也可能有几个动机。这些动机包括内部动机(运动成就感、个人兴趣、运动的社会价值和个人价值、声誉需要等)和外部动机(获得奖金奖品的愿望、父母朋友的期待、团体的接纳等)。只有球员在比赛之前明确了比赛动机,才会在比赛中就会充分发挥自己的技术能力,深信自己能战胜对手。

(2) 身体素质及技术水平训练

球员想要在比赛中取得好成绩,强壮的身体条件、良好的个人技术、强大的心理素质,三大要素缺一不可。在良好的身体素质和运动能力的基础上,熟练掌握技术动作是球员自信心的物质基础,这道理是显而易见的。因此,球员在进行心理训练的同时,身体训练和技术训练也必不可少。一个球员如果没有扎实的基本功和过硬的技术,所谓自信心就成了"空中楼阁"。

(3) 赛前鼓励法

通过赛前谈话或者技术分析,使高尔夫球员认识比赛的意义和有利条件,并确定自己的优势,从而确定信心。要求谈话者具有权威性,谈话内容具有针对性,论据充足,符合实际,才能起到激励作用。

(4) 成功情境表象法

成功情境表象法是一种借助于自身内部力量激励信心的方法。具体做法是:球员自身处于自然放松状态,闭上眼睛,诱导自己回忆最佳训练或比赛情境,回忆击球成功时候的感觉,使球员在回忆中重新认识对自己有利的各方面因素,找出自己潜在的优势,激发比赛欲望,增强比赛信心的目的。

(5) 模拟训练

模拟训练主要用于比赛前短期的心理练习,为球员参加比赛做好心理准备。模拟训练首先要教练员或球员及时掌握将要参加比赛的基本情况,如参赛对手、比赛环境、比赛天气、赛场观众以及"时差"等方面都要做出详细的了解与分析,根据分析结果研究安排训练,其次训练要逼真,从对手、场地、器材和观众都要模拟真正比赛的气氛。

(6) 准备合理的比赛方案

球员在比赛前,根据实际情况,对比赛进行合理估计,撰写一套自己的比赛方案。比赛方案的内容除球员在比赛中的一般程序外,还包括关键动作的技术要领、出现意外情况的补救方法等。比赛方案的撰写,就是球员对比赛心理模拟和心理准备的过程。

2. 消除不良情绪的心理训练

(1) 赛前技术分析

在赛前进行测验分析,使球员准确地了解自己的实际技术水平,对自己的力量进行正确估计。这种方法优势有两个方面:一是可以针对球员的不足,进行某些方面的赛前强化训练;二是可以改变球员对比赛期望过高或信心不足的不良心理状态,在心理上做好调整,使球员对比赛的估计切合实际,不至于到比赛时产生慌乱情绪。

(2) 他人暗示训练

在训练或比赛中,球员有可能出现"当局者迷"的状况,这时,教练员就可以针对球员场上出现的情绪变化,及时采用语言或手势,提醒球员认清目前训练或比赛状况,并示意球员需要冷静、寻找对策,从而协助球员克服紧张、焦虑的心理。

(3) 表情调节法

表情调节法是指球员在训练或比赛过程中,有意识地改变自己面部和姿态的表情,从而影响自身情绪的方法。

因为情绪状态与外部表情存在着密切而有机的联系,俗话说,情动于中,而形于外。情绪的产生会引起一系列的心理过程的变化,并由此而引起面部、姿态等外部表情。如愉快时兴高采烈、笑容满面、手舞足蹈;愤怒时横眉冷对、咬牙切齿、紧握双拳;情绪低沉时垂头丧气、肌肉松弛、委靡无力等。

反过来,我们也可以用改变外部表情的方法而相应地改变情绪状态。例如,当球员在训练或比赛中出现紧张、焦虑情绪时,可以有意识地放松自己的面部肌肉,或者用手轻搓面部,使面部肌肉有一种放松感。当心情沉重或情绪低落时,可以有意识地做出笑脸,强迫自己微笑。假使做不到,也可以看看别人的笑脸,或者想一想自己过去最高兴的某件事,或是自己过去得心应手的比赛情境,这些都可以用来调节球员的情绪状态。

(4)呼吸调节法

呼吸调节法是球手临场处理情绪波动的一种有效的心理调节方法,即通过深呼吸使球员的情绪波动稳定。

紧张焦虑会导致呼吸不由自主地加快,从而导致"过度呼吸"。急促的过度呼吸会引起一些生理变化。如心跳频率和强度的增加,肾上腺素分泌增加,唾液分泌减少,恶心呕吐,肌肉抽搐等。这些变化都是来自自我调节的神经系统的反应,也就是说,球员无法通过意识直接控制这些生理变化。所以,当球员在焦虑紧张时,想通过意志让自己不冒汗、不心慌是十分困难的。球员能做的一种最简单、最有效的努力就是控制呼吸,通过呼吸缓解焦虑。

(5)自我暗示法

自我暗示调节指通过用语言、思想或表情对心理活动施加影响的方法,是调节球员临阵状态的一种行之有效的方法。自我暗示对心理活动的影响是巨大的,它能使球员保持一定的心理稳定的状态,临场充分发挥自己的运动水平。例如:为了消除比赛前的惊慌,使大脑安静下来,球员可以自我暗示,"镇静,镇静,镇静就是胜利。""我相信自己的力量,我一定会取得胜利!"

(6)转移注意力训练

转移注意力训练是让球员的注意力暂时离开过分紧张的比赛环境,诱导他们想一些轻松愉快的事情,待情绪趋于稳定后,再使注意力回到现场的比赛中的训练方法。一般是在紧张的运动训练和比赛现场,利用训练或比赛的间隙采取自我语言暗示、与球童聊天、欣赏球场美景等方式,诱导球员将注意力转移到与当前比赛无直接关系的事情或完成技术动作上来。

(7)技能的心理演练

技能的心理演练也有助于降低焦虑情绪,在赛前进行技能的演练,使球员将对训练或比赛的紧张情绪转移至对活动的注意上。例如,在比赛前,球员可以想象自己正在球场发球台发球,然后,想象自己在有对手、球童注视下将球击出,接下去想象自己在复杂球位进行击球,最后,可想象在观众发出对自己伤害性言语的情况下击球。球员实施了这一方法进行准备,在随后的比赛中即使面临各种应激情景时,心理承受能力也会增强,焦虑情绪相应地也会降低。

3. 促进身心恢复的心理训练

(1) 提高睡眠质量

充足的睡眠使人头脑清醒、体力恢复、精力充沛。提高睡眠质量对恢复球员训练或比赛中消耗的体力和精力十分重要。在睡眠过程中采取卧姿放松和调节呼吸相结合,使由被动的自然睡眠改为自我控制下的主动睡眠,提高睡眠质量,缩短入睡时间。

(2) 放松训练法

这是一种在训练或比赛,使球员肌肉迅速得到充分的放松,从而调节中枢神经系统兴奋的方法。放松训练使球员疲劳的肌体得到迅速和充分的休息,使心情得到迅速的调整,信心倍增地准备下一轮的比赛。

① 想象放松法

使球员平躺,想象轻松、愉快的情境,如大海、山川、蓝天、白云、鲜花等达到身心放松、轻松舒畅的目的。想象训练的效果取决于想象的生动性和逼真性,意象越清晰、生动,放松的效果就越明显。

② 语言暗示放松法

选择相对安静环境,球员坐卧在凳子上或床上,然后闭上眼睛,使全身处于放松状态,这时进行自我暗示,默念几遍"我感到舒服","我轻松极了"等。放松过后,进行自我动员,暗示"我有力量","我感觉良好"。

(3) 娱乐法

训练或比赛后,球员可以根据自身情况,适当进行各种健康、有益的娱乐活动,以消除训练或比赛给球员带来的紧张情绪,例如唱歌、跳舞、上网、看电影等。

(4) 催眠法

催眠法,是指通过暗示的方法(言语和非言语)诱导球员进入类似睡眠的催眠状态,从而加快恢复的方法。

催眠实际上分为两个阶段:感应状态和治疗阶段,前者是指实施催眠阶段;后者是指在催眠状态下对球员实施各种治疗方法的阶段。

在感应阶段,催眠者反复使用能使人产生疲劳而又单调的听觉、视觉和触觉刺激(有时单一使用、有时综合使用),诱导球员进入睡眠状态。同时,在这一阶段,要求球员放松,想象和集中注意催眠者的动作和声音。通过这些方法,球员能够进入不同程度的睡眠状态(或称恍惚状态)。因此,必须在催眠状态下实施各种具体的治疗方法才能治愈各种心理障碍。

"胜败乃兵家常事",这句兵家名言在高尔夫比赛中并不少用,但真正的比赛是残酷的,球场上有成功者就会有失败者,当球员真的失败,特别是发生不应该发生的失败时,这种阴影会时时缠绕着球员的大脑,难以抹去,使球员更加担忧将来的成败。在催眠状态下,让患有心理阴影的球员"退"回到比赛失败的那一天,让他详细地叙述那一天的所有情况及情绪感受,并给予适当引导,这样做可以使这位球员的不良情绪得到充分的发泄,心理阴影也随之消失。

(5)音乐调节法

日常生活中,人们可以听着催眠曲进入梦乡,唱着歌曲减轻繁重的体力劳动。音乐的最大特点,就是能够直接作用于人的心灵,进而影响人的情绪。不同的音乐能使人产生兴奋、镇定、平衡等不同的情绪。

球员赛前或赛后如果有异常的情绪表现,听一段有节奏的轻音乐或喜欢的歌曲就能起到适度的调节作用。音乐给予球员的声波信息,可以用来消除由训练、比赛所带来的紧张情绪,也可以帮助球员集中注意力。例如,凯利金的萨克斯曲《回家》、贝多芬的《月光奏鸣曲》、舒伯特的《小夜曲》等曲子,都能使球员兴奋、充满自信。

(6)倾诉宣泄法

培根名言:如果你把快乐告诉一个朋友,你将得到两份快乐;如果你把忧愁告诉一个朋友,你将减少一半忧愁。当球员在训练或比赛遇到挫折或烦恼时,找一个朋友,面对面地向其倾诉,可以减少自身心理压力。

【本章小结】

高尔夫运动心理训练,是高尔夫运动训练的重要组成部分,是高尔夫技术发展的需要。高尔夫运动心理训练,是球员有目的、有计划地对其心理活动施加影响的过程,使球员具备提高运动水平所需的心理品质,为其在训练和比赛中能正常或超常发挥技术战术水平打下良好心理基础。

【思考与练习】

1. 什么是高尔夫运动心理训练?
2. 高尔夫运动心理训练的意义和作用是什么?
3. 简要说明高尔夫运动心理训练的方法。
4. 结合实际论述暗示训练在高尔夫运动训练和比赛中的应用。
5. 高尔夫运动训练与比赛中常见的心理障碍有哪些?

第七章
高尔夫运动常见损伤与预防

本章导读

高尔夫运动不仅是一项技能性运动,也是一项体能性运动,大量的练习和运动会导致运动损伤的产生。这些损伤不仅会给运动员带来身体的痛苦,也会大大影响运动员的成绩和运动生涯,严重者会跟随一生。本章从运动解剖学和运动生理学的角度,对高尔夫运动进行简单的分析;在此基础上将高尔夫运动常见的闭合性损伤和开放性损伤两个方面进行分类;然后,分别进行讲解,对每一种损伤的定义、机理、产生原因、如何治疗,以及如何预防都加以详细描述;最后,从整体的角度全面分析如何才能预防损伤的产生,并专门叙述高尔夫运动中存在的安全问题,提出消除这些安全隐患的方法,从而尽量避免意外损伤的产生。

教学目标

让学员了解与高尔夫运动相关的解剖学和生理学知识。使学员掌握常见的高尔夫运动损伤产生机理,以及如何治疗、预防这些损伤。了解预防损伤的手段,掌握如何消除高尔夫运动中的安全隐患,使学员安全地从事这项运动。

第一节 高尔夫运动的解剖学和生理学分析

一、高尔夫挥杆动作的解剖学分析

(一)解剖学相关知识

在人体结构中,运动系统是人体完成各种动作和从事生产劳动的重要器官,它由骨、骨连结和骨骼肌三部分组成。

1. 骨

骨是人体内坚硬的器官,主要由骨组织构成。骨的表面覆盖着一层骨膜,骨内藏有骨髓,有独立的血管和神经。全身骨骼,包括上肢骨、下肢骨和中轴骨。

2. 骨连结

骨连结指的是骨与骨之间借助纤维性结缔组织、软骨或骨组织相连结,形成人体骨架。骨与骨的连结面上有明显的腔隙,此种连结活动性较大,成为肢体运动的枢纽,又称关节。其中,与高尔夫运动关系比较紧密的关节有以下几个:

(1) 肩关节

肩关节由肱骨头和肩胛骨的关节盂,借关节囊连结而成。它可以进行屈、伸、外展、内收;旋内、旋外、环转等运动。其中,使肩关节屈的肌肉有胸大肌、三角肌前部纤维、肱二头肌和喙肱肌;使肩关节伸的肌肉有背阔肌、三角肌后部肌纤维、肱三头肌长头、冈下肌、小圆肌和大圆肌;使肩关节外展的肌肉有三角肌和冈上肌;使肩关节内收的肌肉有肩胛下肌、胸大肌、背阔肌、冈下肌、小圆肌、大圆肌和喙肱肌。

(2) 手关节

手关节包括桡腕关节(腕关节)、腕骨间关节、腕掌关节、掌指关节和指骨间关节。桡腕关节的结构简称腕关节。由桡骨下端的腕关节面和尺骨下端的三角形关节,盘组成关节窝与近侧列三块腕骨舟、月、三角骨组成的关节面构成,属椭圆关节,它的关节囊较薄,关节腔宽广,关节囊松弛,关节囊前、后、桡、尺侧都有韧带加固,桡腕掌侧韧带比桡腕背侧韧带坚韧、限制桡腕关节后伸运动。因此,它只可以进行屈、伸、外展(立腕)、内收、环转等运动。

运动腕关节的肌肉主要包括:

① 使手屈的肌肉:桡侧腕屈肌、掌长肌、尺侧腕屈肌、指浅屈肌和指深屈肌等;

② 使手伸的肌肉:桡侧腕长伸肌、桡侧腕短伸肌、尺侧腕伸肌、指伸肌和示指伸肌等;

③ 使手外展的肌肉:位于手关节矢状轴外侧屈腕、伸腕的各部肌肉(桡侧腕屈肌、桡侧腕长伸肌、桡侧腕短伸肌和示指伸肌等);

④ 使手内收的肌肉:位于手关节矢状轴内侧屈腕、伸腕的各部肌肉(尺侧腕屈肌和尺侧腕伸肌等)。

(3) 膝关节

膝关节是人体最大、结构最复杂的关节。由股骨内、外侧髁关节面,髌面和胫骨内、外侧髁关节面及髌骨关节面,分别组成股胫关节和股髌关节。膝关节关节面大,关节囊松弛,腔内有两块纤维软骨板(半月板)垫在上下两关节之间,具有加深关节窝,灵活关节,保护关节面和起弹性垫的作用。

加固关节的韧带有:髌韧带、胫侧副韧带、腓侧副韧带、前交叉韧带、后交叉韧带。在这些韧带的加固下,膝关节可以进行屈伸运动(如跑步摆动腿折叠前摆时为屈,蹬地时为伸);旋内旋外运动(膝关节处于半屈位时,如足球外脚背踢球为旋内,足弓传球为旋外)。

运动膝关节的肌肉主要有大腿前面的股四头肌、缝匠肌,后面的股二头肌、半腱肌、半膜肌和内侧的股薄肌,还有小腿后面浅层的腓肠肌。上述肌肉,一端附着在股骨或者骨盆上,跨过膝关节的另一端附着在小腿骨上。所以,当近侧端附着点作为定点时,肌肉收缩就可以使小腿围绕膝关节进行运动。

运动膝关节的肌肉主要包括:

① 使膝关节屈的肌肉:半腱肌、半膜肌、股二头肌、股薄肌、缝匠肌、腓肠肌;
② 使膝关节伸的肌肉:股四头肌;
③ 使膝关节旋内的肌肉:半腱肌、半膜肌、缝匠肌、股薄肌;
④ 使膝关节旋外的肌肉:股二头肌。

(4)脊柱

脊柱,由椎骨连结而成。一般椎骨的连结,包括椎体间的连结(椎间盘、前纵韧带和后纵韧带)、椎弓间的连结和突起间的连结。其中,有几个特殊部位的连结,构成寰枕关节、寰枢关节、腰骶连结和骶尾连结,最终形成一条长约70厘米、由24块椎骨、1块骶骨、1块尾骨借软骨、韧带及关节连结而成的脊柱,具有支持体重、保护脊髓和内脏器官、传递压力、缓冲震动及运动等作用。它有四个生理弯曲,分别是向前凸的颈曲和腰曲、向后凸的胸曲和骶曲。

脊柱能够做如下运动:绕冠状轴作前屈、后伸,绕矢状轴做左、右侧屈,绕垂直轴做旋转运动,还做环转运动。其实,脊柱的运动,只是在两块脊椎骨之间进行轻微的运动,但这足以使脊柱表现出相当的柔韧性。当肌肉带动脊椎背部隆起的棘突时,脊柱就能够伸直或弯曲了。同样,当肌肉带动垂直轴等其他部位时,旋转等运动也可以进行。

运动脊柱的肌肉主要包括:

① 使脊柱屈的肌肉:胸锁乳突肌、斜角肌、腹直肌、腹外斜肌、腹内斜肌、腰大肌等;
② 使脊柱伸的肌肉:斜方肌、竖脊肌等;
③ 使脊柱侧屈的肌肉:同侧的胸锁乳突肌、竖脊肌、腹内斜肌、腹外斜肌、腹

直肌、斜角肌、腰方肌等;

④ 使脊柱回旋的肌肉:腹外斜肌(对侧)、腹内斜肌(同侧)等。

3. 骨骼肌

运动系统的肌肉属骨骼肌,受意识控制,故又称随意肌。骨骼肌的主要活动形式是收缩和舒张。通过舒缩活动,完成运动、动作,维持身体姿势。每一块骨骼肌都由中部的肌腹和两端的肌腱,以及神经、血管构成。肌腹主要由骨骼肌纤维组成,具有收缩能力。肌腱,位于肌腹的两端,由肌原纤维束构成,色白,坚韧而无收缩能力,但能抵抗很大张力,它将肌肉与骨骼连接起来。当肌肉收缩变短时,通过与骨连接的肌腱得以牵引骨一起运动。骨骼肌大多分布在关节的周围,在同一关节的两侧有作用相反的肌肉,共同完成某一个动作。

(二)挥杆动作中主要参与的肌肉与关节

1. 挥杆技术的动作结构特征

挥杆技术作为高尔夫运动的基本技术,从运动生物力学的角度分析,该项运动技术是沿人体纵轴所进行的一种旋转运动。挥杆技术主要包括,握杆、站姿、瞄球、挥杆和顺摆等动作环节。其中,涉及旋转运动的关键动作环节包括,起杆、上杆、挥杆顶点、下杆、击球、顺势运动六个内容。挥杆技术的旋转运动,是绕关节轴的转动。其动作结构特征,主要表现为:第一阶段,是从起杆到上杆顶点的挥摆过程。双脚固定于地面,重心向右平移,以右腿为轴,下肢(臀部)、躯干(脊柱)、上肢(肩)整体向右转动,上肢(手腕)上翻。第二阶段,是从挥杆顶点、下杆、击球的挥摆过程。重心由右向左移动,腿、臀部、脊柱、肩、上臂、前臂、手腕按照远端环节到近端环节的顺序向左做反解螺旋的回旋转动,直至击球瞬间上肢关节做挥摆鞭打动作。第三阶段,是顺势运动,从击球到挥杆结束。伴随引导击球时的强力右侧身体及下肢的平移和转动,在下杆结束时带动右脚向前滑动,使身体右侧超越左侧,即右手、右肘、右肩比左侧相应部位更接近目标,借助臀部的靶向平移,头部接近其初始位置,身体呈反"C"状。

2. 挥杆技术肌肉用力特征

根据前面对挥杆动作技术的特征分析,我们认为,挥杆技术动作主要是由肌体沿人体纵轴所做的整体回旋转动和局部肢体的挥摆鞭打动作构成。由运动力学的转动定律可知,在转动过程中,肌体肌肉群的工作方式主要有三种形式,即肌力矩大于阻力矩,做克制性工作;肌力矩小于阻力矩,做退让性工作;肌力矩等于阻力矩,做等长性工作。具体到挥杆技术的转动而言,其肌肉用力特征主要表现在以下三个方面:

第一，肌体在向右后摆转动定位（起杆、上杆、上杆顶点）过程中，通过躯干，上下肢部位相关肌群（如脊柱的回旋肌群、盆带肌中的臀大肌、髂腰肌、梨状肌、上臂肌和前臂肌中的相关前群肌等）做退让性肌肉工作，使躯干、上下肢部位相关肌肉和组织得到"拉长"；同时，下肢部位大腿肌和小腿肌的相关前群肌做等长性肌肉工作，为下一阶段的回旋摆动和击球挥摆鞭打积蓄能量，以及进行能量转移做好准备。其中，由于躯干和下肢（主要指臀部及大腿）的大肌肉群在挥杆技术中所发挥的作用比上肢肌群的肌肉的作用要大得多，这两个部位相关肌群的肌肉工作程度相对于上肢部位是有所差异的。

第二，肌体在下杆时向左做反解螺旋转动和上肢挥摆做击球鞭打过程中，下肢部位躯干上肢部位的相关肌群依次做克制性肌肉工作。其中，肌体由远端环节（如大腿、臀部）到近端环节（如腕部），依次转动协调配合。身体大肌肉群的有力转动，手腕的延缓伸展转动，是挥杆技术肌肉用力的关键。

第三，挥杆结束动作（顺势运动）运动环节过程中，除下肢臀部、躯干和上肢相关肌群继续做克制性肌肉工作外，身体下肢蹬伸配合，身体下肢后群肌做克制性肌肉用力工作，也是一个重点。

二、高尔夫运动的生理学分析

（一）高尔夫运动的生理学基础

运动项目的能量代谢系统，是运动训练的基础。因此，对高尔夫运动进行全面分析，首先就要了解肌肉活动能量供应的三个系统。在此基础上，还要清楚影响能量代谢的因素有哪些，才能正确地分析高尔夫运动的能量代谢系统，从而运用正确的方法，科学地指导自己的训练，以免出现不必要的损伤。肌肉活动能量供应的三个系统如下。

1. 磷酸原系统

它的供能特点是，供能总量少，持续时间短，功率输出最快，不需要氧，不产生乳酸类等中间产物。

2. 乳酸能系统

它的供能特点是，供能总量较磷酸原系统多，持续时间较短，功率输出次之，不需要氧，终产物是导致疲劳的物质——乳酸。

3. 有氧氧化系统

它的供能特点是，ATP生成总量很大，但速率很低，持续时间很长，需要氧的参与，终产物是不产生乳酸类的副产品。

由前两种系统进行供能的运动,我们通常称之为无氧运动;由有氧氧化系统进行供能的,则是有氧运动。分清高尔夫运动的运动类型,有利于有针对性地提高自己肌肉的有氧或者是无氧能力,既能提高运动成绩,也能够避免某些肌体损伤的产生。

(二)高尔夫运动的能量供应系统和运动类型分析

通常情况下,人们以为高尔夫运动只有一个挥杆动作。其实不然,高尔夫是一个复杂的动作体系。使用不同的球杆时,你必须动用不同的能量系统。例如,1号木杆要求你全力挥杆,尽可能百分百地使用爆发力;而当你只是使用一根短铁来处理特殊球位时,你需要的不是爆发力,而是小肌肉的协调和精确。大部分的挥杆动作都是在1秒钟左右的时间内完成,同时,大部分的挥杆都需要你全力挥杆。当全力挥杆时,肌体需要在短短的1秒钟之内动员全身肌肉迅速协调反应,爆发出最大的能量效应。此时,我们讲,挥杆时高尔夫属于大强度、快速、爆发式的运动。

很多人选择在练习场练习挥杆,以改进自己的技术。此时,人们会在较短的时间内频繁大力挥杆。大部分人会在一个小时内完成100多次左右的挥杆,很多人的挥杆强度会更大,特别是一些对改进技术抱有较大期望值的运动者。在这个过程中,大部分时间的运动强度会比较大,肌体的负荷也会比较大。

但需要进一步说明的是,高尔夫运动不仅包括简单的挥杆。参与高尔夫运动时,人们往往会选择在高尔夫球场上打完完整的18洞。大部分的18洞球场包含7500米左右的球道,同时,如果选择步行而非乘球车的话,大部分球场需要6个小时才能打完全程。6个小时中,你不仅需要挥杆,同时,还必须曲折穿行于球场的各个区域。很多球场接近于山地或丘陵,因此,6个小时的步行你可能要不断地上坡下坡。这是一个漫长的过程,绝大多数的体育运动项目从开始到运动结束的时间,都比这个时间要短得多。此时,高尔夫运动就变成一个纯粹的有氧运动,一个小强度、长时间、高氧耗的运动。

基于前一部分的分析,我们认为高尔夫运动的能量供应系统,主要是以有氧代谢为基础。高尔夫一次挥杆的过程,属于最大强度的短时间运动,动用CP供能,这时属于无氧运动;而在练习场打球或者选择在高尔夫球场上打完完整的18洞,这个过程又是一种强度变换的持续性运动,所以它应该属于以无氧供能为特征,以有氧供能为基础的混合性运动。运动过程中,就是以CP供能快速完成一次挥杆;间歇时,靠有氧能力及时恢复;并靠着有氧供能支撑长约6小时的步行,运动中乳酸能参与的比例较小。了解了这些,我们就可以有针对性地对肌肉和身体的各个系统进行专门的训练,在提高技术水平的同时,提高自己的体能,提高高尔夫的运动成绩,同时避免损伤。

第二节 高尔夫运动常见损伤与处理

一、高尔夫运动损伤概述

人们普遍认为,高尔夫仅是一项技能性运动,而非体能性运动。这种错误认识,往往会导致损伤发生,甚至使人过早陷入练习的停滞不前。对我们的身体来说,高尔夫是一项艰苦的运动。

在电视中,经常可以看到球员们漂亮的击球,毫不费力,这是一种天大的误会。球员在训练中所承受的艰苦,是无法在正式比赛时看出来的。在职业球员和业余爱好者中,身体发生损伤的概率都很高,由此带来的痛苦也是无法想象的。在一些医学文献中,我们可以看到损伤发生的概率:

① 超过80%的职业球员,在以往的职业生涯中,曾有过与高尔夫相关的运动损伤。

② 有10%~33%的职业球员,损伤时仍带伤练习或比赛。

③ 职业球员在其职业生涯中平均约两次受伤。

④ 因损伤而失去参加巡回赛的平均时间,男球员超过9周,女球员接近3周。

⑤ 受伤的职业球员重返巡回赛时,近一半的球员仍受到损伤困扰。

高尔夫是适合各年龄层的运动。近年来,此项运动已普及至年轻人。以往常见于中高年龄层球员的运动损伤,最近已普遍发生于年轻的球员。多数高尔夫球员的运动损伤,都起因于对肌体的过度使用。对于职业球员来说,是"量"的过度,终年全球各地的巡回比赛不说,即使是不比赛的训练期,每天挥杆也常超过一千次,这也不是常人受得了的,造成的细微伤害日积月累,也是十分可观的。对业余球员来说,则是"质"的过度,可能体能不足、热身不够及挥杆的动作不正确,造成生理组织的损伤。

我们常把运动损伤分为闭合性损伤和开放性损伤两种。在高尔夫运动中,这两种损伤都存在,但其中常见的损伤多为闭合性运动损伤。我们先来了解一下这两种运动损伤及其基本处理方法:

(一)闭合性软组织损伤

伤部皮肤或黏膜完整,无创口与外界相通,损伤后的出血积聚在组织内,称为闭合性损伤,如关节韧带扭伤、肌肉拉伤、闭合性骨折等。

闭合性软组织损伤,分为急性损伤和慢性损伤,其处理原则及具体方法如下:

1. 急性损伤

一般指伤后 24 小时内,发病急,病程短,而且症状骤起。

(1)早期

处理原则:限制活动、止血、防肿、镇痛、减轻炎症。

具体方法:冷敷、加压包扎、抬高伤肢、局部休息。

(2)中期

处理原则:改善局部血液和淋巴循环,促进组织新陈代谢,促进再生和组织修复,防止粘连。

具体方法:热疗、针灸、按摩、理疗、功能锻炼。

(3)晚期

处理原则:恢复和增强肌肉和关节的功能。

具体方法:按摩、理疗、功能锻炼。

2. 慢性损伤

按照病因又可分为陈旧伤和劳损两类。陈旧伤是急性损伤后因处理不当而导致伤处没有痊愈而致反复发作的损伤。劳损是因局部长期负担过度,由反复微细损伤积累而成的称慢性损伤,发病缓慢,症状渐起,病程较长。

(1)病理过程

早期:红、肿、痛、热、功能障碍(炎症反应)。

中期:组织再生。

晚期:炎症反应消失,修复完成,功能障碍存在。

(2)处理方法

同急性损伤中、晚期。

(二)开放性软组织损伤

伤部皮肤或黏膜破裂,创口与外界相通,有组织液渗出或血液自创口流出,称为开放性损伤,如擦伤、刺伤及开放性骨折等。

处理方法是及时止血和处理创口,预防感染,先止血再处理伤口。

二、高尔夫运动常见闭合性运动损伤与治疗

(一) 肌肉韧带损伤

1. 肌肉拉伤

肌肉拉伤,在高尔夫运动过程中是最常见的现象,是指肌肉主动强烈地收缩或被动过度拉长超过了肌肉本身的承受能力,而造成的肌肉细微损伤、肌肉部分撕裂或完全撕裂。在高尔夫运动中,肩部肌群、肘内侧肌群(屈腕、屈指肌群)、腰背肌、大腿内收肌群,以及膝、踝周围肌群等都容易发生肌肉拉伤。原因主要是,热身运动不充分,身体某部位肌肉的生理机能尚未达到运动所需的状态;训练水平不够,肌肉的弹性和力量较差;疲劳或过度负荷使肌肉的机能下降、力量减弱、协调性降低;错误的技术动作或运动时注意力不集中,动作过猛;气温过低,湿度太大;场地或器械的质量不良等。

肌肉猛烈收缩,其收缩力超过了肌肉本身所承担的能力,或肌肉受力牵伸时,超过了肌肉本身特有的伸展程度,均可引起肌肉拉伤。拉伤可发生在肌腹或肌腱交界处或腱的附着处。由于致伤力的大小和作用性质不同,可引起肌肉、肌腱部分纤维断裂、完全断裂或微细损伤。除肌肉本身的拉伤外,常可同时合并肌肉周围的辅助结构如筋膜、腱鞘和滑囊的损伤。

处理可以按急性闭合性损伤的处理方法。肌肉轻度拉伤者,采用针刺疗法疗效显著;肌纤维部分撕裂者,早期用冷敷,加压包扎,还要把患肢放在使受伤肌肉松弛的位置,以减轻疼痛,48小时后开始按摩,手法要轻缓。肌肉大部分或完全断裂者,应送医院进行手术缝合处理。肌肉拉伤后的练习应量力而行,一般以不感觉伤处疼痛为准。平时注意加强易受伤部位肌肉的力量和柔韧性的锻炼,这对预防肌肉拉伤很有好处。此外,要注意观察肌肉反应,当球员预感肌肉拉伤时,就不要再勉强进行练习和比赛。

2. 关节韧带扭伤

关节韧带扭伤是指在外力的作用下(一般为间接外力),使关节发生超长范围的活动,以致造成关节囊韧带的损伤。扭伤的最常见部位是踝、膝、腰和肘部。膝部扭伤、脚踝扭伤多数是球员在挥杆时以脚外侧触地面,支撑力量不够,脚踝难以承受身体因扭转惯性或制止惯性所产生的强大力量,从而导致踝关节韧带、肌肉的损伤。腰部突发性扭伤往往发生在球员挥杆转身力量太猛、击球动作幅度太大等情况。

关节韧带扭伤,是由间接外力所致,即在外力作用下,使关节发生超常范围

的活动而造成的。轻者发生韧带部分纤维的断裂；重者则韧带纤维完全断裂，引起关节半脱位或完全脱位，同时可合并关节囊滑膜和软骨损伤。

处理：按急性闭合性软组织损伤处理。

预防扭伤一般可采取下列方法：①认真做好热身运动。②对易受伤部位进行保护性固定，如包扎弹性绷带等。③加强关节周围相应部位的肌肉力量与韧带柔韧性的锻炼，以提高关节的稳定性和活动度。④对生疏动作不能急于求成。要掌握正确的用力方法，并通过练习努力使之熟练、自如。

3. 挫伤

挫伤，指由钝力直接作用于身体某部所致，如运动中的碰撞、跌打或身体某部撞击在器械上所造成的损伤。轻者仅是皮下组织（如肌肉、韧带等）挫伤；重者（如头、胸、腹部和睾丸挫伤）常因某些器官的损伤而合并休克。在体育运动中比较常见的是，股四头肌和小腿前部挫伤。在高尔夫运动中，常常因为技术的不合理、不熟练或者安全意识不到位，造成运动员自身或者他人被球杆碰击或者被高尔夫球撞击，这种损伤中都或多或少地存在挫伤现象。对于高尔夫运动的练习者，这种情况要求我们尽量提高自己动作的熟练度和安全意识，尽可能地去避免这种损伤的出现。

处理：按急性闭合性软组织损伤处理。

4. 肌肉痉挛

肌肉痉挛俗称"抽筋"，是由于肌肉不自主地强直收缩所致。高尔夫球运动中，最易发生痉挛的肌肉为小腿三头肌和足底的屈拇肌、屈趾肌。

产生肌肉痉挛的原因有：肌肉受寒冷刺激，兴奋性增高；长时间参加剧烈运动，身体大量排汗，大量电解质的丢失，促进肌肉兴奋性增高；运动中肌肉过快地连续收缩，放松时间短，以致收缩和放松不能协调交替；局部肌肉的过度疲劳；突然做出某种紧张猛烈的动作等。

高尔夫运动是一个漫长的过程，绝大多数的体育运动从开始到运动结束的时间都比这个时间要短得多，它是一个长时间、高氧耗的纯粹的有氧运动。那么，对于很多高尔夫的球员来讲，长时间的运动，大量的流汗、疲劳等，都容易产生肌肉痉挛。

当球员出现肌肉痉挛时，用力牵拉痉挛的肌肉，一般可使之缓解。牵拉时，用力宜缓，不可用暴力，同时可配合局部按摩，采用重力按压、揉捏和点按委中、承山、涌泉等穴位，在处理时要注意保暖，以促使痉挛缓解。

预防肌肉痉挛，要提高身体的耐寒能力和耐久力；运动前做好准备活动，对容易抽筋的部位事先应做适当的按摩；冬季注意保暖，夏季长时间运动要注意补充盐分；疲劳和饥饿时，不宜进行剧烈活动。

(二)关节部位损伤

1. 滑囊炎

滑囊是结缔组织构成的密封小囊，囊内有少量滑液，多位于关节附近，介于肌肉或肌腱附着处与骨隆起之间，可以减少肌肉与骨之间的摩擦，减少肌腱与骨之间的摩擦。

人体的主要滑囊：

——肩关节：肩峰下滑囊、肩胛下滑囊；

——肘关节：肘后滑囊、鹰嘴突滑囊；

——膝关节：髌上滑囊、髌下滑囊、髌前滑囊、膝外侧滑囊。

运动中因受到外力的直接撞击，使囊壁受到损伤而发生急性滑囊炎；或因局部活动过多，囊壁受到反复磨损而发生慢性损伤。高尔夫挥杆动作中，肩关节和膝关节的参与十分频繁，因此，在这两个关节部位的滑囊很容易出现慢性损伤。

急性滑囊炎的表现为，压痛，肿胀，可摸到肿块，疼痛明显，活动则加剧。处理原则是，停止运动，外敷新伤药、止疼药，肿大者可抽液后再加压包扎，可向囊内注射可的松。慢性滑囊炎的表现为，疼痛较轻，滑囊肿大，有肿块或小结节，做某一个动作时出现疼痛。处理原则是，针灸、理疗；严重影响运动的，可手术切除滑囊。

2. 腱鞘炎

腱鞘是两层纤维膜构成的长形密封小管，套在肌腱周围，腱鞘的内层覆盖在肌腱的表面，外层附在周围的韧带及骨面上，两层之间有少量滑液，可以减少肌腱活动时与周围结构间的摩擦。腱鞘可以减少肌腱之间的摩擦，防止肌腱被拉紧时向侧方滑移。

腱鞘损伤的机理是由于肌肉反复收缩，肌腱与腱鞘发生过度摩擦，因而引发创伤性腱鞘炎，表现为疼痛、肿胀、压痛，也会伴随着一些功能障碍。

腱鞘主要分布在跨越手指、手腕、肩、踝关节等部位的肌腱上；其作用是，减少肌腱活动时与相邻肌腱的摩擦。腱鞘炎是由于局部运动量过大引起的一种不适应性炎症反应，多发生于手腕、掌指关节、脚踝侧后部、肩前后部位等。打高尔夫球时，由于击球动作的特点，手腕及肩部肌肉反复收缩牵拉肌腱，使这些部位的腱鞘受到过度摩擦或挤压因而引起发炎。其症状是在做挥杆动作时感到手腕或肩部疼痛，平时也有压痛感觉。

对腱鞘炎的处理：进行局部固定，外敷中药，进行理疗、针灸、穴位注射等。

在急性期,应休息或停止运动,积极治疗,以免发展为慢性。对腱鞘炎的预防措施有:训练前,要充分做好热身运动;合理安排训练,注意防止局部过度负荷;运动后,做局部放松与整理活动;运动后按摩和热敷,对预防有积极作用。

3. 肩袖损伤

肩袖损伤在排球、体操、游泳运动员中多发,对于体育健身参加者来说,若肩部的运动负荷过高或动作过猛,也易发生。在肩袖损伤的同时,往往伴有肱二头肌长头肌腱损伤。其发生的主要原因是,由于肩袖(由冈上肌、冈下肌、肩胛下肌和小圆肌组成)在肩关节做背伸、转肩、外展及超正常范围的剧烈活动时,受到反复牵拉和与肩峰、肩喙韧带发生反复摩擦而引起的损伤。

肩袖损伤的主要症状有:肩外侧疼痛,并可以向颈部、上臂部放射;肩外展、或做肩从外旋迅速内旋的鞭打动作时,如网球的头顶扣杀,会使疼痛加重;肩在外展到60°~120°之间时,疼痛明显,而小于或超过这一范围时疼痛减轻;肩做外旋外展抗阻时,肩部亦出现明显疼痛;肩袖损伤时间较长时,还会有三角肌萎缩。在高尔夫运动中,初学者进行高尔夫挥杆时错误动作或者动作过猛,都可能造成肩袖的急性损伤。

对于急性肩袖损伤,在急性期要求将上臂置于外展30度位置休息,减少肩部活动量,进行适当的肩部柔韧性练习,局部进行理疗、针灸、按摩、中药外敷或痛点封闭均有较好效果;另外,要注意加强肩部肌肉力量,改进技术动作。长期保守疗法无效,可考虑手术治疗。

4. 肱骨内上髁炎

"肱骨内上髁炎"(病变部位与网球肘——"肱骨外上髁炎"正好相反),俗称高尔夫球肘。本病多发生于青壮年,特别是肘部有损伤或从事运动、体力劳动的运动员、工人、农民等。由于从事高尔夫球运动的人易患此病,故有"高尔夫球肘"之称。它的症状主要表现为,在屈伸腕关节时,肘关节内侧(肱骨内上髁)疼痛,疼痛可放射到前臂掌侧,局部酸痛无力,不能提重物,在做拧洗衣服或前臂旋前动作以及屈腕时疼痛加重。

自我按摩有松解黏连、活血止痛的作用,对本病有较好的疗效。

(三) 其他意外损伤

1. 起水疱

在高尔夫运动中,容易起水疱的部位主要有:拇指关节内侧、实际与杆把后部相接触的部位、前脚掌等;原因主要是,由于反复多次摩擦使表皮与真皮局部分离,组织液聚集,从而引起皮下水疱。球员皮肤娇嫩、平时运动训练太少、鞋袜质量不佳、鞋垫不合适等,也容易产生水疱。

对水疱的处理应注意无菌操作,以避免感染,不要贸然忍痛撕掉表皮,可先用75%的酒精做局部消毒,然后用消毒针吸取局部积液,并用消毒纱布覆盖加压包扎。打球时不用杆把过细或过粗的球杆,打球时要戴上手套。鞋子穿着不舒服,要及时更换。

2. 晒伤

在阳光充足的天气,长时间地在外面打高尔夫球,球员如不注意保护皮肤,可能会被晒伤。因为,阳光中的紫外线,会破坏最外层的皮肤细胞,并损害微血管,使皮肤产生红肿和疼痛。如果皮肤起水疱或头昏目眩,可能是脱水现象,应该及时去看医生。

预防晒伤和晒伤后加速复原的方法有:

(1)打球时戴帽子

帽子可以阻挡阳光照射头部和脸部,最好是戴有宽帽檐的帽子。帽子颜色越深,保护效果越好;浅色帽子虽可反射阳光,但对紫外线防护效果较差。

(2)做好皮肤保护措施

为预防晒伤,打球前应擦防晒乳液,乳液要经过半小时才会被吸收。注意耳朵、鼻子和额颈部都要擦上。

(3)穿防护性能好的衣服

穿具有防晒效果的球衫,可以保护皮肤,使其免受紫外线伤害;而质地紧密的棉质球衫效果特别好。

若不慎被晒伤,清洗皮肤时应用冷水和低过敏香皂,避免刮伤皮肤。沐浴时,要避免让水柱直接喷到受伤的皮肤上。要穿宽松衣物,避免穿任何会刺激到皮肤的衣服(如毛料和合成衣料),最好穿松软棉质衣服,直到痊愈为止。严重的晒伤应及时去看医生。

3. 风伤

在寒冷刮风的天气打高尔夫球时,如不注意保护,冷风吹拂脸颊后,脸颊可能会产生红肿疼痛的现象,其症状和感觉类似烧伤。这是皮肤表层过度干燥,引起的发炎现象。风伤同晒伤有些相似,但是没有晒伤那么严重,一般几天后会自行痊愈。但是,如果有感染现象或者皮肤变白、起水疱,而且疼痛加剧,就可能是冻疮,应及时去看医生。预防风伤和风伤后加速复原的方法有:

(1) 保持皮肤湿度

外出打球时,脸上要擦上保湿乳液,一天最好擦上 3~4 次。最好的保湿剂是凡士林。

(2) 保护脸部

如果要在外面待上较长时间,外出前不要洗脸或刮胡子,因为这会除去皮肤的天然保护层。

(3) 注意使用防晒乳液和护唇膏

晒伤也是引起风伤的原因之一,尤其是在干冷多风的天气里,更应注意。嘴唇也很容易受到风伤,应给予特别的保护。

(4) 着装要注意保暖

身体最容易引起风伤的部位是颈前部,因为此处的皮肤薄而且较少受到保护。打球时,可穿高领衣物保护,最好是纯棉的,羊毛制品会刺激皮肤,特别是流汗时;同时,也应戴棉帽、手套等。

(5) 采用止痛药

有些药物除了止痛,也能加速恢复健康,如阿司匹林,但服用药物时应遵医嘱。

4. 中暑

中暑是长时间处在高温或热辐射环境中所发生的一种急性高温疾病。空气湿度大、温度高、通风不良及头部缺乏保护而被烈日直接照射,会致使体温调节发生紊乱,人体机能也随之紊乱而发病。

在温度和湿度比较高的天气,长时间在太阳下打高尔夫球,球员如不注意可能会出现中暑,出现头晕、头痛、呕吐等现象,严重的会出现休克。

处理:首先将患者移到阴凉通风的地方,垫高头部,物理降温,补水,服十滴水、人丹;有昏迷者点按人中、十宣、足三里等。

在日常的高尔夫运动中,要注意以下几点:在烈日下锻炼时,衣着要色浅、单薄、宽松,时间不宜过长;暑天的作息要调整,宜在早上与傍晚训练;应准备低糖含盐的饮料,及时补充丢失的体液。

三、高尔夫运动常见开放性运动损伤与治疗

(一) 擦伤

擦伤是皮肤受到外力摩擦所致,皮肤被擦破出血或有组织液渗出。大多数受到外力的损伤,在出现闭合性损伤的同时,也往往会伴随着擦伤。高尔夫运动

中的这种损伤较多是由于安全意识不足发生的。运动员被自身或者他人球杆碰击、被高尔夫球击中的轻微损伤，多是擦伤。

对于创口浅、面积小的擦伤，可用生理盐水或凉开水洗净创口，周围用70%酒精棉球消毒，创口上涂抹甲紫等消毒剂，待干即可，无须包扎。但面部擦伤最好不用紫药水涂抹；关节附近的擦伤也不宜使用暴露处置，以免皮肤干裂而影响关节运动。

（二）撕裂伤

皮肤撕裂伤多发生于头部，尤以额部和面部较多见，如篮球运动中眉弓部被他人肘部碰撞，引起眉际皮肤撕裂。伤口边缘不整齐，损伤广泛，严重的可致组织坏死。高尔夫运动中的撕裂伤，多出现在被运动员自身或者他人球杆碰击、被高尔夫球击中较为严重的损伤，虽然出现的概率较小，但是处理及时十分重要。

若创面较小时，先压迫止血，用生理盐水清洗消毒创口后，用蝶形胶布覆贴拉紧即可；伤口较大也需要首先进行止血，然后及时送到医院进行缝合，必要时使用抗生素治疗。

第三节 高尔夫运动常见损伤预防与安全问题

高尔夫是一项注重技巧的运动，成绩的进步要由重复的练习获得。随着高尔夫运动在国内的日益普遍，人们在感受这愉快运动的同时，伴随而来的伤痛也困扰着正在学球中的球员们。综合文献资料我们发现，大部分的高尔夫运动伤害其实是可以预防的。俗话说的"预防胜于治疗"，就是这个道理。比如，在从事高尔夫运动前、后做规律的伸展运动，就可减少运动过程中伤害的发生，还可以发挥较高的体能技术、增进运动表现的水准；对于运动后疲劳消除及组织修补，亦有帮助。只要我们了解高尔夫运动伤害发生的主要原因，平时注意防范，并学习正确的挥杆姿势与方法，就可以避免不正确的挥杆所可能引发的伤害。同时，应遵守安全原则，并对身体机能评定，拟订训练的目标。如此，不仅可以预防运动伤害的发生，而且能安全又有自信地享受高尔夫运动与挥杆的乐趣。

一、高尔夫运动损伤预防的意义

参加体育锻炼的目的是增强体质，增进健康水平，促进全面发展。如果在体育运动锻炼中忽视运动损伤的预防工作，没有积极采取各种有效预防措施，就可能导致各种伤害事故的发生。轻者影响学习和工作,重者可造成残疾或危及生命。因此,积极预防运动损伤对增强身体素质和提高运动技术水平都具有积极的作用。这就要求我们平时积极求教于专业训练的医疗人员,以了解自己身体所处的状态,若有肌力不足或关节活动度受限的情况,及早接受矫正与训练,进而避免损伤发生。

二、高尔夫运动损伤预防的手段

(一) 加强思想教育

在训练和比赛中,要认真贯彻"预防为主"的方针。平时要加强安全教育,在教学训练和比赛中,克服麻痹思想,认真贯彻以预防为主的方针,发扬良好的体育道德风貌。

(二) 合理安排运动负荷,防止局部负担过重

运动负荷不足,不能达到提高人体运动能力的目的;运动负荷过大,超出人体所能承受的负荷,不仅使运动系统的局部负荷过重,还会导致中枢神经系统疲劳,致使全身机能下降,协调能力降低,注意力、警觉反应都减弱,从而容易发生损伤。

训练时负荷过于集中,会造成机体局部负担过重而引起运动损伤。如左膝关节在练习挥杆中要长时间支撑身体所有力量,易引起膑骨、半月板的损伤。因此,在训练中应避免单调的锻炼方法,防止局部负担过重。

(三) 认真做好准备活动

准备活动的目的是提高中枢神经系统的兴奋度,克服自主神经的惰性。要注意以下几个方面:

① 准备活动的内容与负荷,应依据正式活动的内容、个人身体机能状况、当时的气象等三方面因素而定;
② 一般准备活动要做充分,专项准备活动要有针对性;
③ 易伤部位的准备活动要加强、加大活动的比重;
④ 有伤部位的准备活动,要谨慎;
⑤ 专项训练前,应补充做准备活动;
⑥ 在运动中,间歇时间较长时,也应在运动前再次做好准备活动。

高尔夫运动是一种要求具备柔韧性、协调性的运动,在准备击球时所做的一

些准备活动，都是为了使全身肌肉有一个预热过程；高尔夫运动是一个由静态转化为动态的运动，任何的肌肉损伤，都是有可能的，这些损伤主要分布在髋、体、肩与下肢。

在下场实践或者比赛前，急促地奔跑有一定的热身效应，但急促奔跑会带来焦急、心跳加快，这只能让身体肌肉更加紧张，而且难以调解自己的呼吸频率，这反而会让你自己的身体在没有准备好时就受到一些意外的损伤。所以，在练习或者在下场之前的准备活动大概需要 10 分钟。这样，在充分活动身体各部位的肌肉群和关节之后，再进行挥杆练习，可以有效防止伤害的发生。同时，在练习结束之后也要做一些简单的整理运动，从而使在练习中紧张的肌肉和关节放松下来。

（四）合理安排教学、训练和比赛

加强全面训练和基本技术教学，运用各种练习手段和方法，全面提高学员的身体素质，合理安排运动负荷，避免单一的训练方法，防止引起局部负担量过大。要遵守循序渐进、个别对待的原则，负荷要逐渐增加，在学习新动作时要注意规则，从易到难，从简到繁，从分解动作到完整动作的教学。只有掌握正确的方法，科学地安排运动量，对于不同身体素质、身体条件者训练时应因人而异，根据身体素质进行锻炼，这样才能取得事半功倍的效果。

在开始接触高尔夫之前，我们就应该有一个合理的训练计划。然而，高尔夫职业球员与业余球员在训练计划中，又有相对的差异性。职业球员的训练强度，相对而言比较大，不仅训练时间较业余球员要长，而且训练的项目不仅包含了业余球员训练过程中的切杆、推杆、铁杆、木杆、沙坑训练、下场实践和特殊训练，还有对职业球员的脑力训练及身体机能训练。因此，不同类别的球员应有不同的训练方法与思路。

职业球员和业余球员一周的训练内容及安排可见表 7-1 和表 7-2，把这两个训练计划做一详细的比较，大家可以从自身的情况出发，制订一套适合自己的方法和计划，这样也可避免每次练习中发生一些不应该发生的意外。

表 7-1　职业球员一周的训练内容及安排

项目	星期一	星期二	星期三	星期四	星期五	星期六	星期日
切杆练习	1 小时	2 小时	半小时	2 小时	1 小时	1 小时	15 分钟
推杆练习	半小时	1 小时	15 分钟	1 小时	休息	2 小时	15 分钟

续表

项目	星期一	星期二	星期三	星期四	星期五	星期六	星期日
铁杆练习	半小时	1小时	15分钟	1小时	半小时	1小时	10分钟
木杆练习	15分钟	45分钟	15分钟	1小时	15分钟	半小时	10分钟
沙坑练习	半小时	15分钟	休息	半小时	15分钟	半小时	休息
下场实践	9洞	休息	18洞	9洞	18洞	9洞	18洞
脑力训练	看球1小时	放松、冥想、形象化训练15分钟	与周二相同	看球1小时	休息	与周二相同	半小时规则阅读
身体机能训练	有氧操和柔软性1小时	力量训练半小时	与周一相同	力量训练半小时	与周一相同	力量训练半小时	休息
特殊训练	自己有问题的挥杆项目,如:①不同的球路击打;②长草区;③弹道球	问题挥杆和左手击球	休息	上坡球位与下坡球位	检查杆面角度	击打不同的球路	记录及整理训练计划反思

表7-2　业余选手一周的训练内容及安排

项目	星期一	星期二	星期三	星期四	星期五	星期六	星期日
切杆练习	半小时	半小时	15分钟	15分钟	半小时	10分钟	10分钟
推杆练习	10分钟	10分钟	半小时	15分钟	休息	半小时	半小时
铁杆练习	1小时	2小时	1小时	1小时	2小时	半小时	半小时
木杆练习	1小时	1小时	1小时	半小时	1小时	1小时	15分钟
沙坑练习	半小时	15分钟	15分钟	10分钟	休息	10分钟	10分钟
下场实践	休息	休息	休息	9洞	9洞	休息	18洞
特殊训练	在镜子前空挥杆	阅读高尔夫杂志	晚上空挥杆	休息	看高尔夫比赛	休息	休息

（五）加强易伤部位的练习

提高易伤部位的机能，是预防运动损伤的积极措施。循序渐进地加强易伤部位或相对较弱部位的训练，提高它们的功能，是预防运动损伤的一种积极有效的手段。为防治髌骨劳损，可采用"站桩"的方法来增强股四头肌和髌骨的功能。为了防治腰肌劳损，除加强腰背肌的训练以外，还应加强腹肌的力量训练，有利于防止脊柱过伸而造成腰部损伤等。

（六）加强医务监督工作

对参加体育运动的人，都要定期进行身体检查和复查，以了解身体发生的变化。要做好自我保健工作，身体若有不良反应时，应及时、认真分析原因，必要时请医生作医学检查。医学检查一般分为以下两种：

1. 一般观察

每天记录晨脉、自我感觉。每周测一次体重。

2. 特殊观察

① 要特别注意观察运动系统的局部反应，如局部有无肿胀、发热、肌肉有无酸痛、关节有无肿痛等。

② 经常认真地对场地、器械、设备及个人运动服装、防护用具等进行安全检查。

③ 做好保护与自我保护。教练也应将正确的保护与自我保护方法传授给学员。

三、高尔夫运动中的安全问题

（一）运动中的安全意识

高尔夫运动因为其特殊性，尤其容易因为他人或其他外来的因素造成一些不必要的损伤。当我们刚刚接触高尔夫运动时，危险性会较大。因为，一些不合理的举动可能让自己进入危险位置。但这些都是可以避免的。所以，当我们在一般球场或者练习场练习时，应该具有以下几点安全意识：

① 当一个球员在练习场地击球时，其他观察球员应该在一定的安全线以外。

② 球员在击球或进行练习挥杆时，应确保球杆可能击打到的地方，及可能因击球或挥杆而被球或任何石块、小石子、树枝等打到的地方，及其附近无人站立。在前面一组球员还没有走出球的射程范围之前，后一组球员不应当打球。

③ 在击球可能会危及附近或前方的球场管理人员时,应当随时提醒有关人员。

④ 如果球员打球后,球飞向可能会击中别人的方向,球员应当立即高声喊叫进行警告,在该场合警告的惯用语是"看球"。

⑤ 球员在球场上要始终为其他球员着想,不应以走动、讲话或制造不必要的噪声,干扰他人打球。

⑥ 球员应当确保自己带到球场的任何电子用品,不会对其他球员造成影响。

⑦ 在发球台上,在轮到自己发球之前,球员不应抢先架球。

⑧ 当其他人准备打球时,球员不应站在球或球洞附近或站在球或球洞的正后方。

⑨ 球员应当避免对球场造成损害,比如,在进行练习挥杆削起草皮,或因生气或其他任何原因,用球杆杆头砸击草坪。

(二)集体训练上课时的安全措施

在最普遍的集体授课过程中,教练员和学员上课时所站的位置也很重要。然而,最首要,也是最重要的就是安全的位置。为了让学员能在训练过程中既能听清、看清教练员和示范球员的动作讲解分析,特绘制出如下两种最具有代表性的安全队列位置,以避免在教学过程中的意外发生,造成损害和疼痛,如图7-1所示。

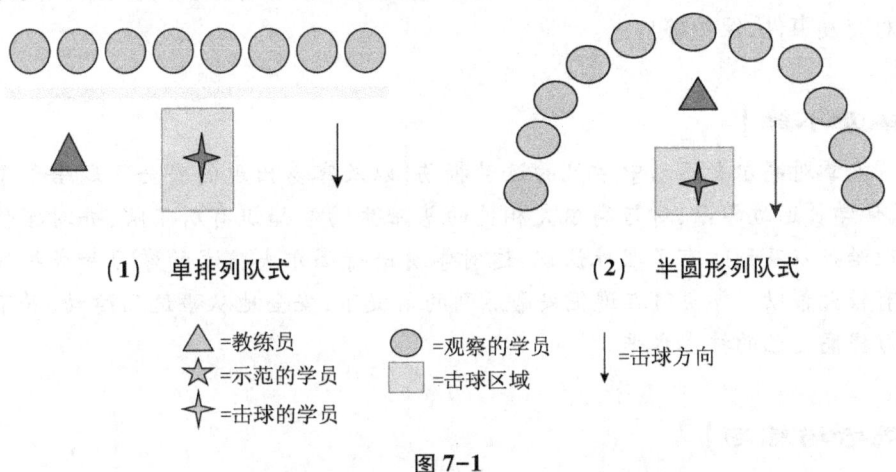

图 7-1

通常,在授课过程中,教练员一般采用单排列队形式或半圆形队形式来进行教学。前者是标准的集体授课列队形式,教练员只需单面对着学员进行讲解示范即可;而后者适合于中型或大型班组,教练员教学过程中需要面对每一个学员进行讲解示范,以便所有学员都能看清、听清。单排列队式适合集体教学相对人数比较少的班组;而半圆形列队式则适合集体授课人数较多的班组。它们的共同特点是都能在教学中较好地保护学员的安全。

运用上面两种队列授课时的注意事项:
① 半圆形站位,最适合于做示范动作。
② 半圆形站位,无法保证所有人都能打球。
③ 班组内的每一个学员挥杆方向向外。
④ 每一个学员周围的各个方向,要求有4米的空间。衡量它的最好办法是,班组内的每个成员确保双臂和高尔夫球杆向外伸展时相互不会碰撞。
⑤ 班组内左手球员和右手球员要相互配合。
⑥ 安排左手球员和右手球员的位置时,应让他们面对面站立,绝不可背靠站立。

作为一名高尔夫球员,在训练过程中一定要消除安全隐患,这是学球和练球过程中非常重要的一部分。高尔夫球杆、高尔夫球,以及球员的动作都有潜在的危险,需要小心谨慎。

在运动中,高尔夫球员必须在练习前做好适量的热身运动,在练习中有一个合理的安排,通过学习,牢固树立安全意识,避免一些意外损伤的发生,随时准备应对突发事件,保护好自己。

【本章小结】

本章对高尔夫运动中常见的运动损伤,以及容易出现的安全问题给予了阐述,使学员通过学习,对与高尔夫相关的基础生物学知识有所了解,并对损伤的机理治疗以及预防有了理性认识,这对学员进行高尔夫技术的学习和成绩的提高有较大帮助。学员可在遵循安全原则的前提下,安全地从事这项运动,并不断练习提高自己的技术水平。

【思考与练习】

1. 试分析高尔夫运动的供能系统与运动类型。
2. 高尔夫运动中常见的损伤有哪些?

附录一 高尔夫运动四大赛事

一、名人赛(The Masters)

在高尔夫运动四大赛事中,每年最早举行的名人赛是唯一固定同一个球场的大赛。这是最年轻,也是最牵动人心的比赛。比赛期间,球场上没有广告牌,甚至连CBS这样极具权威性的电视公司都被禁止在此赛事的直播中频频插播广告,那些经"名人赛委员会"审查过的广告每小时只被允许播放3个。

自"名人赛"1934年在奥古斯塔(Augusta)举办第一届以来,他们都努力保持其尊贵的形象。名人赛的这种传统,沿袭自巴比·琼斯(Bobby Jones)当初建立奥古斯塔(Augusta National)球场的初衷:和三五知己静静地享受高尔夫球的乐趣,不被外界烦扰。这个想法在他赢得13个世界大赛准备退休前一年萌生的,在经济方面有纽约商人克利福德·罗伯茨(Clifford Roberts)的支持,而球场设计则由琼斯认为是唯一选择的何利斯特·麦肯兹(Dr Alister Mackenzie)担任。在发现佐治亚州一个名叫"水果园"的苗圃后,琼斯第一眼就爱上了这块土地并马上着手兴建"奥古斯塔全国高尔夫俱乐部"。建造期间,琼斯打了很多球以检测球场的设计是否完善,他所要的是一个讲求策略的球场。

在1934年举办了第一届奥古斯塔邀请赛。克利福德·罗伯茨(Clifford Robert)想将球赛命名为"名人赛"(The Masters),但被琼斯以"太过傲慢"为由否定,不料名字很快就被传开,在次年大家都以"名人赛"称呼这个在奥古斯塔的比赛,而直至5年后,琼斯才接受这个名称。

这就是今天最热门的高尔夫球赛的前身,奥古斯塔俱乐部一直尽力维护其隐私权,并不欢迎外来的观众。每年1月份,俱乐部都寄给会员和宾客一份球赛的门票,票上标有号码以控制炒票行为,违规者将被列入不受欢迎的黑名单中。而实际上,这张体育界最热门的门票是没有人想放弃的。直至20世纪90年代初,球赛才放宽对观众的限制,允许人们在中午12点之前进场观看练习赛。

1935年,第一届真正的"名人赛"由基尼·萨拉(Gene Sarazen)以加洞赛摘冠。

1937年,会员们开始穿着绿夹克。同年冠军拜仁·尼尔森(Byron Nelson)以刚发明的一套钢柄铁杆打出了66杆的球赛纪录。

1940年,观众人数开始大幅增加,人群第一次要被加以控制。

1942年,美国参加第二次世界大战,球场因而关闭。

1945年,俱乐部重新开张。

球赛的一个传统是,比赛结束后在18洞果岭旁给获胜者颁发俱乐部的绿夹克(Green jaket)。冠军可将绿夹克穿回家并可出席较隆重的场合,但不能使之带有商业用途。尼克·法尔多(Nick Faldo)曾在几年前穿上它出席BBC一个谈天秀节目,后来被俱乐部提醒不能再发生此类事情。

1961年,加里·普莱尔(Gary Player)成为第一个美国以外国籍的冠军球员。

1971年,琼斯在平静的睡梦中去世,享年69岁。

20世纪80年代,欧洲球员开始进入名人赛的舞台。

1997年,泰格·伍兹(Tiger Woods)以打破多项纪录的成绩取得桂冠。

二、美国公开赛(U.S. Open)

U.S. OPEN

美国公开赛(U.S. Open)的特点是:在长草中求生存。

美国公开赛所选中的都是难度高的球场,而且为了增加难度,组织者会提前把草蓄长,以至开赛时能修剪出更窄的球道及更具惩罚性的长草(Rough)。

在19世纪末,高尔夫运动早已传播到北美大陆,一些俱乐部也相继成立,并举行业余性质的比赛。

第一届美国公开赛于1895年10月4日,在9洞的纽波特(Newport)高尔夫乡村俱乐部(Golf Club of Newport)举行,有10个职业球员和1个业余球员参加1天4轮共36洞的比赛。冠军霍勒斯·罗林斯(Ravlins)得到总奖金335美元中的150美元,外加一个奖杯。

在起初的10年,美国公开赛默默无闻。从1900年起,由于一些著名的英国球员的加入而令赛事逐渐被重视。其中有哈利·瓦登(Harry Vardon)和约翰·泰勒(John Henry Taylor)。他们在赞助人的支持下长途跋涉,称霸美国高尔夫球坛整整10年。直到1911年,第一个美国本土冠军约翰尼·米克德米特(Johnny Mc Dermott)的出现,开始改变这种格局,而次年约翰·德莫特(Johnny)又赢一次;1913年,年仅20岁的美国业余球员弗朗西斯·奥密特(Francis Quimet)在加洞赛中打败了哈利·瓦登(Harry Vardon)和泰德·雷(Ted Ray),更是惊动了整个高尔夫球界,至此,"美国公开赛"才成为真正的美国人的公开赛,而美国的高尔夫人口也开始不断增长,由1913年的35万增加到10年后的200万。在欧洲人忙于第一次世界大战时,美国人则优哉游哉地提高了球技。

1894年,由纽波特高尔夫乡村俱乐部(Newport)独自举办的面对职业球员的"公开赛"被现今的美国高尔夫协会(UAGA)否定。而冠军威利·顿(Willie Dunn)也未被记录在案。

1895年,第一届美国公开赛在纽波特高尔夫乡村俱乐部(Newport)正式举行,比赛为16洞,总奖金为335美元。

1920~1930年间,巴比·琼斯(Bobby Jones)在他所参加的美国公开赛(U.S. Open)中赢了4次(1923年、1926年、1929年、1930年),加上他所赢得的3次英国公开赛和6次业余赛,使他成为美国的英雄。

1931年,比利·伯克(Billy Burke)与乔治·冯·艾玛(George von Elm)之间的加洞赛(Playoff)是高尔夫史上最长的一洞,每次加洞赛为36洞,打了144洞才决定了胜负。从那开始,加洞赛改为18洞,并且增加了"实时死亡"(Suddenly Death)这一规则。

1933年,约翰·古德曼(John Goodman)成为第五个也是最后一个业余冠军球员。

1954年,球场从发球台到果岭的地方被围起,并实现全国电视转播。

1965年,经过近70年变革的球赛,最后定为每天18洞,四天共72洞的形式。

三、英国公开赛(The Open Championship)

英国公开赛开始于1860年,普雷斯蒂克俱乐部(Prestwick Golf & Country

Club)发信邀请几个优秀的俱乐部推荐他们的球童参加一个为刚去世的艾伦·罗伯森(Allan Robertson)寻找接班人的比赛。而实际上,"公开赛"并不公开,仅有 8 人参加,他们是第一批职业选手。比赛的结果,比起艾伦·罗伯森曾打出的惊人的 79 杆,冠军威利·帕克(Willie Park)的 36 洞 174 杆成绩相形见绌。由于业余球员抗议,第二年,主办人宣布"比赛将向全世界敞开大门",真正的公开赛成立了。虽然这一年也只有 12 人参加,但已包括业余球员。

开始的 12 届,公开赛固定在普雷斯蒂克海滨球场举行,之后移师到圣·安卓(St. Andrews)老球场。其后比赛选择不同的球场举行,在这之前,已沿用了 10 年的冠军奖品——镶嵌银牌的红色皮带,被现今闻名世界的"葡萄壶奖杯"(Claret Jug Trophy)代替。公开赛早年,老汤姆·墨利斯与小汤姆·墨利斯(Old Tom Morris & Young Tom Morris)是公开赛的常胜将军。老汤姆共拿 4 次冠军。小汤姆则连赢 4 次(1868 年、1869 年、1870 年、1871 年、1872 年停赛),且创下多项纪录。第一次世界大战后,公开赛由"皇室古典高尔夫俱乐部"(Royal and Ancient Golf Club)主持,直到现在。19 世纪末至 20 世纪初,泰勒(Taylor)、詹姆士·布瑞德(James Braid)、哈利·瓦登(Harry Vardon)成为公开赛中的"三巨头"(Great Triumvirate)。他们三人共获得 16 个冠军。其中 Vardon 的 6 个是保持至今的纪录。1915~1919 年,第一次世界大战期间停赛。1920 年后美国球员占主导地位。1940~1945 年,第二次世界大战期间停赛。20 世纪 50 年代末期,阿诺德·帕尔默(Arnold Palmer)的积极参与改变了美国人对公开赛的忽视。他 1961 年和 1962 年的两届冠军更使得美国球员不畏远渡重洋而积极参与。1963 年,波博·查尔斯(Bob Charles)成为第一个也是至今为止唯一一个赢大赛的左手球员。1977 年,汤姆·维斯顿(Tom Watson)与杰克·尼克劳斯(Jack Nicklaus)之间的比赛被誉为是最精彩的一次。

四、美国职业锦标赛(The PGA Championship)

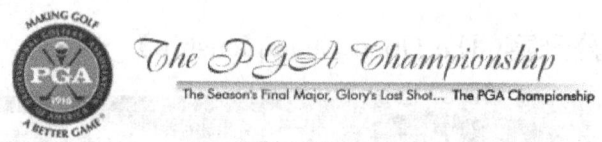

每年最后一个四大赛(Major)在 8 月举行,这就是成立于 1916 年的美国职业高尔夫锦标赛(USPGA Championship),通常简称 PGA Championship。

当美国职业高尔夫协会(USPGA)在 1916 年成立时,他们所做的第一件事就是创办了此赛事,选拔在巡回赛中的优秀球员参加,并且由纽约罗德曼·沃纳梅克(Rodman Wanamaker)捐赠了巨大的奖杯。

自创办之年起,PGA锦标赛即以比洞赛(Match Play)的形式进行,至1923年,就已成为当时最重要的比洞赛。当年的沃特·哈根(Walter Hagen)是此赛事的英雄,创下了1924~1927年的"四连冠"纪录。

至20世纪50年代后期电视在美国普及时,因比洞赛的比赛时间过长,因此未能在电视转播中获得优势,遂在1958年由组织者将比洞赛形式改为四轮72洞比杆赛并一直沿用至今。

虽然此赛是每年的最后一个大赛,在声势上较其他大赛弱,但许多冠军皆成为高尔夫球坛的杰出人物。在1995年由苏格兰的科林·蒙哥马利(Colin Montgo-merie)和澳大利亚的史蒂夫·埃尔金顿(Steve Elkington)同时创下了四大赛历史中的最好成绩——267杆。

附录二　世界著名高尔夫球手

一、泰格·伍兹(Tiger Woods)

泰格·伍兹孩童时就表现出了非凡的高尔夫天赋,他3岁时就击出了9洞48杆的成绩,5岁时又上了《高尔夫文摘》杂志。他在18岁时,成为了最年轻的美国业余比赛冠军,其后连续三年获得该赛事的冠军,上演了帽子戏法。1996年,伍兹转为职业运动员。1997年,年仅21岁的他以创纪录的12杆优势称雄美国大师赛,成为了奥古斯塔最年轻的冠军,从此奠定了他在美国乃至世界的王者地位。从1996年以来,伍兹在职业生涯中已获得了70个美巡冠军,同时四大赛事冠军已达到14个。至2010年10月,伍兹在世界排名第一的位置上坐了621周。

二、菲尔·米克尔森(Phil Mickelsom)

米克尔森绰号"左手怪杰",从18个月大开始接触高尔夫球。他的父亲用右手示范给他看,他却用左手模仿。1990年,他成为首位在美国业余锦标赛中夺冠的左手球员。1991年,成为最后一个PGA巡回赛的赛事上夺冠的业余球员,他在1991年的北方电信公开赛上夺得冠军。1985年,他曾在西方公开赛上夺得冠军,成为继斯科特·维普兰克之后,首位在PGA巡回赛上夺冠的业余球员。在转入职业球员以后的十几个赛季中,米克尔森几乎每个赛季都有夺冠纪录。自1994年以来,每年都是总统杯和莱德杯队的队员。

三、保罗·卡西(Paul Casey)

保罗·卡西,于2001年转为了职业球员。很快,他就在职业圈里显山露水,赢得了2001年苏格兰PGA锦标赛。2003年,保罗·卡西的事业渐趋稳定,赢得了两个欧巡赛冠军,另外还帮助英国及爱尔兰联军赢得塞弗杯。

四、李·韦斯特伍德(Lee Westwood)

李·韦斯特伍德是尼克·法尔多之后英国最优秀的高尔夫球选手。1999年,韦斯特伍德夺得4项高尔夫球赛事的冠军,他的夺冠次数上升到10次。2000年,拿到6个冠军并成功加冕欧洲第一,两年后世界排名突然下滑到了第246位。2009年,韦斯特伍德重新回到欧洲第一,并被评为2009年欧巡赛年度最佳球员。2010年,"白老虎"继续发威,继泰格·伍兹后成为第13位荣登世界第一的选手。

五、维杰·辛格(Vijay singh)

作为一名具有传奇色彩的斐济人,辛格的名字在印度语里有"胜利"的意思。辛格的启蒙教练,是当机场工人的父亲。自从1982年转为职业球员以来,辛格在欧洲和美国都曾多次夺冠,可谓战绩辉煌。2003年以来,辛格在PGA巡回赛中的表现非常突出,在排行榜上名列前茅。他职业生涯共获得57个冠军:PGA冠军34个;欧巡赛冠军13个;其他冠军14个,包括大满贯冠军3个。

六、厄尼·埃尔斯(Ernie Els)

埃尔斯是全能型运动员,年少时,他的网球、橄榄球以及板球的技艺都十分高超。不过从17岁开始,埃尔斯的重心就全部转移到高尔夫上。1992年,他加入南非巡回赛,第一个赛季取得了6场比赛的胜利。接下来的一个赛季,他又在日本夺得一个冠军。1994年以前,埃尔斯的主要战场在欧巡赛,1994年赢得美国公开赛之后,他在1995年正式登陆美巡赛。1997年,他再次赢得美国公开赛,2002年他则将英国公开赛冠军收入囊中,夺得第三个大满贯头衔。这之后,各种冠军纷至沓来。到今天,埃尔斯差不多在全球各个角落都赢得过冠军。当然,最让人瞩目的,还是在他在温特沃斯破纪录地六夺世界比洞锦标赛。

七、科林·蒙哥马利(Colin Montgomerie)

蒙哥马利曾经连续七年稳坐欧洲头把交椅,这个壮举对于如今的欧洲选手来说恐怕很难企及。但是,这样伟大的选手却至今未打破大满贯赛的冠军荒,这也使蒙哥马利一直耿耿于怀。

他面对多得令人难以忍受的人群时,也能镇静自如地打球,这让他在全世界都享有盛名。虽然他一直认为自己的推杆是一大弱点,但在从T型架到穴区的这段距离里,他是世界上最精确的球员之一。

八、张连伟

张连伟,一个中国职业高尔夫运动的传奇人物,一个闪亮在亚洲乃至世界高尔夫球坛的中国名字。2003年,张连伟在新加坡大师赛上击败厄尼·埃尔斯夺冠,获得2004年全年欧巡赛参赛资格。同年,张连伟首次拿到梦寐以求的中国公开赛冠军,这更让国人坚定了中国高尔夫运动发展的信心。2004年,张连伟得到了参加美国大师赛的邀请,破例征战享有盛名的奥古斯塔国家高尔夫球会,这也是中国高尔夫历史上的第一次。随着知名度的上升及对高尔夫的深入钻研,张连伟现已在国内涉足以往多为外国人独掌的球场设计领域,并积极推广公众球场。

九、梁文冲

梁文冲是当今中国大陆最杰出的高尔夫球员。15岁开始接触高尔夫运动,在业余时期连续三年(1996~1998年)赢得中国高尔夫业余公开赛冠军。1999年转为职业球员后,先是连续赢得四场中国职业高尔夫球联盟杯,同时包揽了

1999年、2000年联盟杯赛的全国总冠军。2007年,成为中国内地首个顺利加冕亚巡奖金王的球员;同年,还赢得了年度最佳球员和年度平均杆数最低奖。2008年,梁文冲成为中国大陆第一位在大满贯赛上晋级的球员。他在7月的英国公开赛上打完四天比赛,排名并列第64位。同年春天,他参加了美国名人赛。2009年年初,梁文冲首次代表亚洲队出战皇家杯并赢得胜利。至今,梁文冲在中国国内的高尔夫比赛上仍然独占鳌头,难逢对手。

十、安妮卡·索伦斯坦(Annika Sorenstam)

安妮卡·索伦斯坦出生于瑞典的斯德哥尔摩,5岁起开始打网球,很快在斯德哥尔摩少年网球排名前十。12岁放弃网球转攻高尔夫,师从瑞典国家教练尼尔森。20岁那年,她从瑞典移民到了美国,在大学期间,她一共拿下七场业余冠军,包括1991年的NCAA冠军和1992年世界业余锦标赛冠军。索伦斯坦于1994年转业,1995年就在美国女子公开赛拿下了个人第一场美国女子高尔夫协会(LPGA)职业赛的胜利,第二年她又蝉联冠军,震惊了世界。2001年,她夺下八场冠军,稳坐世界第一宝座,而且打出单轮59杆,只有男子选手才有过的纪录。目前,索伦斯坦已经拿到72个LPGA冠军,包括10个大满贯赛冠军。索伦斯坦是首位通过LPGA标准进入名人堂的国际球员。

十一、魏圣美（Michelle Wie）

魏圣美有着不可置疑的灵性和惊人的天赋。这一切，从她打球之初，就已经展露无遗。11岁那年，她成为夏威夷女子业余锦标赛历史上最年轻的冠军。次年，她又先后晋级美国女子高尔夫协会业余赛和TAKEFUJI经典赛。2009年，魏圣美在LPGA巡回赛奖金榜上最终进入前10位，并且在11月的奥查娅邀请赛上赢得了她的巡回赛首冠。不仅如此，魏圣美还帮助美国队击败欧洲队，赢得了莱德杯比赛。

十二、宝拉·克里默（Paula Creamer）

宝拉·克里默10岁开始在卡索伍德学习高尔夫，2005年1月她走上LPGA的时候，卡索伍德授予她成为这里的终身荣誉会员。克里默从小就被认为极富天分，2000年她进入IMG学院和大卫·利百特高尔夫学院学习。18岁零292天，她成了LPGA历史上第二年轻的冠军。

附录三 高尔夫运动专业术语(中英对照)

B

半场	Half
保护	Guard
比标准杆多两杆	Double bogey
比洞赛	Round robin
比洞赛中的对手	Opponent
比洞赛中作为伙伴的两个球员	Pair
比杆赛	Score play
比杆赛中两个球员一起打球的编组	Pairing
比赛	Competition
比赛场地之全貌	Course
比赛结束之署名	Approve
比赛者	Competitor
闭合式击球姿势	Closed stance
标记	Mark
标准杆	Par
标准击杆赛	Against par
标准杆数和个人杆数差异的比分赛	Boger competition
补给,高于标准杆一杆	Bogey
不到之球,不入其洞	Never up, never in
不能打之球	Unplayable

C

裁判员	Referee
草坪地带的沙坑	Fairway banker
侧面沙坑	Side bunker
侧面水障碍	Lateral water hazard
差点	Handicap

长草区	Rough/Ruff
长度,球场距离	Length
常绿草	Bent grass
超过规定的标准杆数	Over
朝后,向后	Back
朝后杆头底部	Back sole
朝内	Close
撤销	Recall
重叠式握杆	Overlap
重放置球	Replace
重新击球	Again
初始球	Original ball
处罚	Penalty
从外向内的挥杆	Outside-in
错球	Wrong ball

D

打出标准杆	Regulation
打出滚地球让球滚进球洞	Chip shot
打出较标准杆低的成绩	Par break
打到球的底部	Duff
打低洼地带加以击出	Cuppy lie
打赌	Bit
打球,以球杆击球	Play
打球顺序	Order of play
大师赛,名人赛	Masters
待修复之地	Ground under repair
当地规则,特别规则	Local rule
倒数第一(又称"BB奖"、"精神奖")	Booby
低飞球	Chip
地点,场所;放置球	Place
第十八洞	Howe
点,得分,要点	Point

冬季规则	Winter rules
短的	Short
短的推击	Tap-in
短洞,标准杆为三杆的洞	Short hole
短球场	Short course
躲开	Fore

F

发球	Drive
发球区	Back tee/Tee box
发球区或球,球梯	Tee
发球区上的第一杆	Tee-shot
罚杆	Penalty stroke
反重叠式握杆	Veil grip
反弹球	Kick
妨碍	Disturb
妨碍物	Obstruction
非公开赛	Close Championship
非固定障碍物	Loose impediment
分洞比赛	Match play/Hole match
封闭站姿	Close stance
浮球	Floater
浮停在草叶上的球	Sit up

G

杆长	Club length
杆面	Club face
杆头	(Club) head
杆头,球杆的颈部	Neck
杆头触地	Ground address
杆头击中地面	Digging
杆头速度	Head-speed
杆头削去草皮,草痕	Divot

— 191 —

高尔夫规则	Rules of Golf
高挥杆	Full swing
高挥杆面	Full face
公众球场	Public course
狗腿洞	Dog leg
观察员	Observer
滚动	Roll
果断而有力地推击	Rap
果岭	Green
果岭边缘	Fringe
果岭边缘的沙坑	Green guard bunker
果岭费	Green Fee
过度挥杆	Over swing

H

海岸球场	Seaside course
好球	Best ball
号码	Number
荷包蛋	Fried Egg
横扫式挥杆	Side blow
后摆杆	Take back
后九洞	In
还原动作	Release
换置球位	Displacing ball
挥杆顶点	Top of swing
挥杆的鞭打动作	Whipping
回旋	Pronation
回旋球	Back spin
会所	Club House

J

击高球	Cut up
击球比赛	Driving contest

击球的瞬间	Impact
击球面	Impact face
击球进洞	Carry
击球练习场	Driving range/Range
击球腿	Batting leg
基本规则	General rule
基本握杆法	Grip
记分卡	Card
记分员,球标	Marker
记录,计分	Record
加一杆赛	Against logy
假设线	Imaginary line
建议	Advice
侥幸打中	Fluke
解开曲腕	Late bit
界外	OB(＝Out of Bounds)
近距离高抛球	Pop
近距离滚动球的击球	Running shot
近距离切球	Approach
进行比赛中	In play
净负洞数	Hole down
净杆,净杆数	Net/Net score
9洞的高尔夫球场	Nine
9号铁杆	Nine-iron
救球	Recovery shot
局外者	Outside agency
俱乐部名人赛	Club handicap

K

开放式站位	Open stance
抗议	Claim
啃地球	Scuffing

快速滑球果岭	Fast green
困难球洞顺序	HDCP

L

拉击球	Pull/Pull shot
连锁握杆法	Inter locking
练习场	Driving Range
临时发球区	Temporary tee
临时积水区	Casual Water
临时球洞区	Temporary green
轮	Round

M

码数	Yardage
码数牌	Yardage board
盲点	Blind
美国公开赛	U.S. Open
猛击	Jerk
猛击球	Jerking
瞄球,击球准备动作	Address
名次,排名	Ranking
名人,高手	Master
木杆	Driver
目标方向线	Target line

N

内侧	In side
内地球场	Inland course
逆风,顶风	Against wind
女子发球区	Lady Tee

P

陪伴	Attend

劈起杆	Pitching wedge
劈起球,腾起球	Pitch shot
平衡	Balance
平挥杆	Flat swing
偏左杆面	Hook face
偏左握杆	Hook grip

Q

旗杆	Pin
切击	Cut/Pitch
切入	Cut in
轻挥杆	Half swing
轻握	Loose grip
倾斜	Dipping
球表面的小凹	Recessed marking
球场	Course/Links
球场记录	Course record
球车	Cart
球道	Fairway
球道用木杆	Fairway wood
球洞	Hole
球洞边缘	Lip
球洞区通道	Through the green
球洞四周草坡	Apron
球杆	Club
球杆的倾斜度,击球面的角度	Loft
球杆杆面上的刻痕	Marking
球杆杆身硬度的符号	Regular
球杆面	Face
球痕	Ball mark
球技中等者	Average golfer
球停在草坪地带短草上	Close tee
球童	Caddie

球童费	Caddie Fee
球位	Lie
球位于球洞区上	On
球运欠佳	Bad luck
球座,球梯(=Teepeg)	Peg
屈腕挥杆	Cock
取消比赛资格	Disqualify

R

2号木杆	Brassie
二次击球	Two shot

S

沙地球洞区	Sand green
沙坑	Bunker/Sand bunker
沙坑打球法	Blast
沙坑用杆	Sand-blaster/Sand wedge
上杆	Back swing
上挥杆	Takeaway/Up swing/Upper blow
上坡球位	Uphill lie
十八洞高尔夫球场中的前九洞	Out
10号铁杆,11号铁杆	Jigger
使球从四个入口滚入球洞的方法	Into the cup
手套	Gloves
手腕动作	List action
手指握杆法	Finger grip
涮边球	Rim out
双鹰(比标准杆少三杆)	Albatross
双老鹰(低于标准杆三杆)	Double Eagle
双柏忌(高出标准杆两杆)	Double Bogey
水障碍区	Water hazard
顺风	Follow wind
死球	Dead

4号木杆	Baffy
四分之三挥杆	Three-quarter shot
四球比赛	Four-ball match
送球	Follow through

T

腾滚球	Putt pitch-and-run
碳纤木杆	Black
套,组	Set
剃头球	Top
挑高球,将球击高	Lift
铁杆	Iron
同伴竞技者	Fellow competitor
推杆距离	Long putt
推击入洞	Roll in
推球线	Line

W

挖地	Dig in
完成最后一洞	Finish
未提交记分卡,弃权	No return
握杆僵硬	Death grip
无差点的比赛	Scratch
无力型握杆	Weak grip
5号木杆	Cleek

X

下杆	Down swing
先行通过	Pass
向外挥杆	Inside out
小鸟球(低于标准杆一杆)	Birdie
斜面球位	Side hill lie
新型平式挥杆	New way of flat swing

巡场员	Marshal
巡回赛	Circuit
巡回赛职业选手	Playing Professional

Y

延长赛	Play-off
仰斜面球位	Side hill up
邀请赛	Invitation match
一对一的比赛	Single
一对二的比赛	Threesome
一杆将球打上球洞区	One on
一杆进洞	Hole in one
1号铁杆	One-iron
一击能进洞的近球	Holable
一体挥杆	One piece swing
一组二人同他组对抗	Foursome
引导	Lead
用力出球	Kill
优先发球者	Honor
优先开球数	Carrid honor
右偏球	Slice
右曲球	Fade;(AmE.)Banana Ball
右手从上覆盖的握杆法	Hand first
预摆动作	Waggle
原来的球位	Original lay
允许比赛的地区	In bounce
运动协会对抗赛	Inter-club watch

Z

暂定球	Provisional ball
障碍	Interface, Hazard
障碍物草	Glass bunker
遮断球路的障碍物,侵入草坪地带的障碍物	Cross bunker

遮掩洞	Blind Hole
整组球杆	Full Set
正常杆面倾角	Normal loft
正确挥杆动作	Grooved swing
正式比赛	Official competition
正式差点	Official handicap
正式的,公认的	Official
正旋,上旋	Over spin
正中球心	Just middle
直接击球	Clean
直接切击入洞	Pitch-in
直立式挥杆	Upright swing
职业高尔夫球员协会	PGA(＝Professional Golfers' Association)
职业高尔夫球员资格考试	Pro test
职业巡回赛	PGA Tour
重大违反规则行为	Serious breach of rule
转腕动作	Roll over
姿势	Form
自然握杆法	Baseball grip
总杆	Gross
最后比赛	Last call
最后一洞	Last hole
左曲球	Draw;Hook

参考文献

[1] 田麦久.运动训练学.北京:高等教育出版社,2006.
[2] 袁运平,凌奕.高尔夫运动手册.北京:中国体育报业总社(人民体育出版社),2001.
[3] 本社.运动生理学.北京:中国体育报业总社(原人民体育出版社),2002.
[4] 本社.运动解剖学.北京:中国体育报业总社(原人民体育出版社),2003.
[5] 本社.体育保健学.北京:中国体育报业总社(原人民体育出版社),2002.
[6] 谭受清.高尔夫运动导程.北京:国防科技大学出版社,2003.
[7] 谭受清.高尔夫球运动导程.北京:国防科技大学出版社,2003.
[8] 本社.追求完美的挥杆:高尔夫球科学入门基础.北京:中国体育报业总社(原人民体育出版社),2003.
[9] 张建国.高尔夫短打秘笈.北京:北京体育大学出版社,2005.
[10] 耿玉东.高尔夫经典技法100篇.人民体育出版社,2009.
[11] 罗杰·海德.顶级教练教你打高尔夫球.南京:江苏科学技术出版社,2003.
[12] 胡桂英.运动心理学.杭州:浙江大学出版社,2008.
[13] [美]米歇尔·斯皮尔曼(A.I.M.).高尔夫.哈尔滨:黑龙江科学技术出版社,2008.
[14] 黄埜华.高尔夫管理.海口:南方出版社,2008.
[16] [英]纽厄尔(Newell.S.).图解高尔夫完全学习手册.北京:电子工业出版社,2009.
[17] 中国高尔夫球协会.中国高尔夫球协会职业教练员教材.
[18] 高尔夫大师,2009.
[19] 泛高尔夫网.www.funfungolf.com.
[20] 新高尔夫网.www.newgolf.cn.
[21] 唐高网.www.golf998.com.
[22] 优扬高尔夫网.www.ugolf.com.cn.
[23] 新浪高尔夫频道.http://golf.sina.com.cn.
[24] 雅虎体育高尔夫频道.http://sports.cn.yahoo.com/golf.html.

总 策 划：刘　权
执行策划：李红丽
责任编辑：李红丽

图书在版编目（CIP）数据

高尔夫球基本技术与实战策略/赵志明，何峰主编．—北京：旅游教育出版社，2012.6（2023.2重印）

（高尔夫俱乐部服务与管理专业规划教材）

ISBN 978-7-5637-2395-9

Ⅰ.①高…　Ⅱ.①赵…　②何…　Ⅲ.①高尔夫球运动—运动技术—教材　Ⅳ.①G849.319

中国版本图书馆CIP数据核字（2012）第067381号

"十二五"职业教育国家规划教材
高尔夫俱乐部服务与管理专业规划教材

高尔夫球基本技术与实战策略
（第2版）

主编　赵志明　何　峰
副主编　陈　明　肖康璞　肖相霍

出版单位	旅游教育出版社
地　　址	北京市朝阳区定福庄南里1号
邮　　编	100024
发行电话	(010)65778403 65728372 65767462(传真)
本社网址	www.tepcb.com
E-mail	tepfx@163.com
印刷单位	北京虎彩文化传播有限公司
经销单位	新华书店
开　　本	710毫米×1000毫米　1/16
印　　张	13.25
字　　数	195千字
版　　次	2017年1月第2版
印　　次	2023年2月第3次印刷
定　　价	39.80元

（图书如有装订差错请与发行部联系）